山川紘矢
Koya Yamakawa
山川亜希子
Akiko Yamakawa

精霊の囁《ささや》き

30年の心の旅で見つけたもの

PHP

はじめに

私たち夫婦は、精神世界の本の翻訳という特殊な仕事をすでに三十年以上も続けていますが、自分たちはバリバリの現役で、好きなように仕事をしているとずっと思い込んでいました。ところが二年前くらいから、いろいろな人たちが、私たちを**「長老」**とか**「レジェンド」**と呼ぶようになったのです。

初めて「長老」と呼ばれた時には本当にびっくりしました。ついに私たちも床の間にかかった掛け軸のような存在になったのか、すでに盛りを過ぎたのにまだ頑張っている頑固者にしか見えないのかもと、自分たちを振り返らずにいられませんでした。

でもよく考えてみれば、そろそろ二人とも後期高齢者です。それだけでも、「長老」と呼ばれるのは仕方ないかしら。そして、時代も大きく変わりました。私たちがこの仕事を始めた頃は、精神世界などに興味を持つ人はほとんどいませんでした。今では、たくさんのチャネラー、ヒーラー、コーチ、スピリチュアル・カウンセラー、スピリチュアル・ブロガーなどがいますが、当時はこうした人たちの影も形もない時代でした。

それになんといっても、インターネットのなかった時代です。どうして仕事ができていたのか、今となるとまったくわかりません。それでも、私たちが翻訳した本が売れ、細々と講演会を始めると、聴きに来てくださる方が現れ、いろいろなセミナーが始まり……という感じで、少しずつ私たちが伝えたい世界が広まっていったのです。

今ではスピリチュアルに関する仕事をしている人たちが、急速に増えています。そして、心と魂を大きく広げて人生を楽しみ始めている人たちもまた、どんどん増えてきたように思います。

さらに精神世界関係の本は、びっくりするほど増えました。しかも嬉しいことに、以前は外国の本の翻訳書が中心であったのに、この頃は日本人が日本語で書いた悟りや癒し、スピリチュアルな体験談などの優《すぐ》れた本が、数えきれないほど出版されています。そして、それらの本が、逆に外国語に翻訳されることも多くなってきました。日本から世界へとメッセージを発信し始めているのです。それに本にはならなくても、フェイスブックなどのSNSやブログでスピリチュアルな話を書いている人たちは、数限りなくいるではありませんか？　そして、その人たちは私たちよりもずっと若いのです。

とはいえ、おかげ様で私たちも変わらずに毎年何冊か、翻訳本を出したり、最近は自分たちで本を書いたり、日本中で、時にはアメリカやヨーロッパなど海外で講演会やリトリート、ワークショップにも精を出すなど、結構忙しく動いています。またいろいろな新しいことにも挑戦しています。いつまで続くかわかりませんが、これからもワクワクして仕事ができる間は、こんな状態を楽しみたいと思っています。


今回、うれしいことに「山川さんの最近十年間の仕事や奇跡との出会いを教えてください」という注文をいただきました。それまでの二十年間は、約十年前に出版した『輪廻転生を信じると人生が変わる』（山川紘矢著、ダイヤモンド社、角川文庫）と『人生は奇跡の連続！』（山川亜希子著、大和書房、角川文庫）に書かれているので、その後のことを知りたい、と言ってくださったのです。

確かにこの二冊を読めば、私たちが歩んできた最初の二十年間については、概略がわかると思います。でも、最近の十年について語る前に、私たちがこの仕事を始めた理由、ずっと続けてきた意味について、今度は私の見地から簡単にお伝えしたいと思います。そこからまた新しく見えてくることがあるかもしれません。

私たちは死ぬまで成長の途上です。仕事の途上でもあるのでしょう。いつまでこの仕事を続けるのか、先はわかりません。神の言うままに、天の命ずるままに、これからも歩いていこうと思っているからです。それに、上を見れば、私たちよりも長いキャリアをまだ悠々《ゆうゆう》と歩いている方たちが大勢います。その方たちに比べれば、私たちはまだ未熟なひよこみたいなもの。これから、あの方たちのように宇宙と完全に一体となって人生を楽しみ、喜び、感謝して生きられれば、どんなに素晴らしいことでしょうか。

この本は、紘矢と亜希子で、それぞれ自分の書きたいことを書きます。どのような本ができあがるのか、とても楽しみです。では、そろそろ始めましょう。

山川亜希子

精霊の囁《ささや》き

30年の心の旅で見つけたもの

目次

はじめに

1

見えない力に導かれて

2 精神世界の翻訳者として

3

学びながら、体験しながら

4　人生を楽しもう

装丁　石間　淳
装丁写真　著者撮影

1

見えない力に導かれて

そもそもの始まり

私たちの人生は、四十歳を境にして激変しました。誰の人生にもそのようなことは起こると思いますが、私たちの場合はいわば、三次元の人生から四次元の人生に移行したのです。そしてそれと共に、仕事も生き方も変わってしまいました。

四十歳までの私たちは、ごく普通の人生を生きていました。人生とは何か、自分とは何か、などと考えたこともありませんでした。宗教とも哲学とも、まったく縁がありませんでした。ユリ・ゲラーが来日してスプーン曲げが流行《はや》っても、まったく無関心でした。

東大出の大蔵（現・財務）官僚とその奥さん、という社会的な立場にそれなりに満足して、「人生はこんなものさ」と思っていたのかもしれません。

変化の兆《きざ》しは、四十歳になる少し手前に、神戸に単身赴任していた夫が奇妙なセミナーを受講した時に始まりました。

「英語で行われるセミナーなので、英語の勉強になると思うので参加するね」

と言って参加したセミナーでした。ところがそれは実は「自分とは何ものか」を探るためのセミナーだったのです。

講義や瞑想《めいそう》、二人一組になっての話し合い、アイコンタクト、二つのチームでするゲーム等々、いろいろなことをしながら、自分が持つ思い込みや制限、束縛などに気づき、気がつくとそこから抜け出している自分を発見するためのセミナーでした。

そんなこととは知らずに参加した夫は、受講している間ずっと、何をしているかよくわからなかったそうです。ところが、終わってみると何かを感じたのでしょう。私は当時、三週間に一度は東京から神戸に行って掃除や洗濯をしていたのですが、そのたびに彼が大きく変わっていくのを目《ま》の当たりにしました。

一言で言えば、**彼は人間的に成長して人生を深くとらえ始めた**のです。それまで家で見たこともなかった人生論や哲学の本が、どんどん増えていきました。言うことも違ってきました。哲学的になったのです。町で出会う友達も、今までとは違うタイプのもっと自由で成熟した感じの人が多くなりました。

もし、他人がそのような成長ぶりを見せてくれたならば、「あの人は素敵になったなあ」と余裕たっぷりに褒《ほ》めたたえたに違いありません。でも、夫ともなると、私の狭量《きょうりょう》さもあってそうはいきませんでした。それまでは、私だけが彼のことをよくわかっていると思い込んでいたのに、今や、彼のことがまったくわからなくなりました。

この人はこのような人だと勝手に思い込んで安心していたのに、急に得体のしれない人間になっていくように感じたのです。それに人生論を振りかざす夫に、この人は何かの宗教に洗脳されてしまったに違いないとも感じました。

さらに悪いことに、「お前は今のままでは駄目だから、セミナーを受けなさい」と夫が言うのです。私は怒って「絶対に嫌だ」と言いました。多分、「お前は今のままでは駄目」と言われて憤慨したのでしょう。

当時の私は残業が月百時間以上という激務でしたが、楽しくて充実した毎日を送っていました。上司や同僚ともうまくいっていて、お給料もどんどん上がっていました。また都内で一人住まいだったので、夜遅く仕事が終わってから若い同僚に誘われてお酒を飲みに行くことも多く、青春時代みたいにウキウキして過ごしていました。

状況的には何ひとつ、「今のままでは駄目」と言われる筋合いはなかったのです。

ほとんど離婚の危機!!　夫はなんとかして私にそのセミナーを受けさせようとして、さまざまな工作をしてきました。セミナーで知り合った人を私に紹介したり、セミナーのパーティーに行かせたりしたのです。そんなことが続くうちに、いろいろな偶然の一致が起こり始めました。

仕事関係のイギリス人女性とセミナーのパーティーで出会ったり、電車の中でセミナーの人たちに遭遇したりしたのです。ついには私が尊敬している上司がそのセミナーの卒業生であることがわかりました。ここに至って、私は覚悟を決めました。ともかく神戸で行われるセミナーを受けてみよう。夫が初めて受講してから八カ月がたっていました。

私にとって、そのセミナーは衝撃そのものでした。五日間のセミナーの一日目は、何もなく無事に過ぎました。二日目、私はみんなからのけ者にされました。二人一組になるゲームが何回かあり、いつも私だけ相手が見つからずに、一人残ってしまったのです。その上休み時間にも、話し相手になってくれる人がいませんでした。セミナーが終わる頃には私の心はぐちゃぐちゃになっていました。

私はみんなに嫌われている。誰一人、私を受け入れてくれない……。私は一人で泣きながら家に帰りました。そして待っていた夫に宣言しました。

「あんなに意地悪な人たちのいるセミナーにはもう行かない」

翌日、私はセミナーに行くのを拒否したのですが、夫に引きずられるようにして会場に連れていかれました。でも、私は人の話も聞けなければ、そこにいることもできずに、逃げ出してしまいました。そしてその日のうちに、東京へと帰ってしまいました。新幹線に一人で乗っている間、いろいろな思いが頭をぐるぐる巡っていました。そのうち、なぜかひとつの思いが浮かび上がってきたのです。

「このセミナーが私を救ってくれる……」

なんということでしょう！　しかもこれはまさに確信でした。自分は変わる必要などないと八カ月もかたくなに思い込んでいたのに、私の最も深いところから出てきた言葉は、「このセミナーが私を救ってくれる。変えてくれる」だったのです。


その晩ずっと私は考え続けていました。

「このセミナーが私を救ってくれるはずだったのに、私はそこから逃げてしまった。だからもうそこには戻れない。私は生きる屍《しかばね》となって、一人で生きていくしかない」

私は夫には何も言わずに、神戸から東京に帰ってきました。だから夫は、必死になって私に連絡を取ろうとしていました。電話も何回もかかってきましたが、私は一度も出ませんでした。夫から連絡を受けた私の母や姉も心配して、翌朝早く、姉がやってきました。玄関のチャイムを何回も鳴らし、声をかけてくれましたが、私は返事をしませんでした。

二時間後、今度は母がやってきました。「ここにいるのでしょう？　お願いだからドアを開けて」と言う母の声に、私は逆らえませんでした。ドアを開けると、母がほっとした表情でそこにいました。母はすぐに神戸の夫に電話をして、私の無事を伝え、東京に帰ってきてと、頼んでくれました。

それから夫が東京に戻ってくるまでの数時間、私は自分が何をしていたかまったく覚えていませんでした。母が九十歳を超えた頃、やっと、その時のことを聞いてみました。

「私は一体どんな様子だった？」

「ずっとぼんやりしていたと思うわ。ほとんど話もしなかったし」

夫が神戸から戻ると、母も安心して帰っていきました。その後、結婚して十五年間、夫に「してほしくなかったこと」「してほしかったのにしてもらえなかったこと」を、私は何時間も訴え続けたのでした。あんなこともこんなことも、ごく些細《ささい》なくだらないことばかりが、自然と私の口から出てくるのでした。夫は時々「そんなこと、ちゃんと言ってくれればやってあげたのに」などと言いながらも、ずっと聞いてくれました。

数時間たつと、私の中にたまっていた不満や不平が空っぽになったのか、私は突然、まったく別の次元に飛んでしまったかのようになりました。とても軽やかで明るい気分になったのです。同時に、すべてが美しく、すべてが完全で、何ひとつ問題も苦しみも悲しみもない世界がそこにはありました。ずっと住んでいる自分の家も、近所のレストランも、輝いて見えました。

涙がいっぱい出ましたが、それは喜びの涙、いや至福の涙でした。そしてそれは翌日の朝になると、もっと光を増していました。東京の町が輝き、道端の花の色は今まで見たこともないくらいに鮮《あざ》やかでした。どの人も素晴らしく美しく見えました。そしてそんな状態が一カ月、ずっと続いたのでした。

これは何だったのでしょうか？　私の感覚では、それまで自分で自分を押し込めていた樽のタガが外れて樽がバラバラに壊れ、私自身が急に光の世界に飛び出した感じでした。何が起こったのかは、よくわかりませんでしたが、すべてが美しくすべてが感謝と希望に満ちている世界がそこにあったのです。

そして、私の行動や考え方も少しずつ自由に、明るくなっていきました。人との接し方も変わっていきました。でも、これはひとつの始まりにすぎませんでした。それもとても大きな大きな始まりの第一歩だったのです。

その後、私たちはすぐにアメリカのワシントンD.C.に引っ越しました。夫が世界銀行に派遣されたからです。私は大好きな仕事を辞め、専業主婦に戻りました。

ワシントンD.C.に引っ越してひと月ほどたったある夏の夕べ、私たちのところに嬉しいお客様がやってきました。神戸で受けたセミナーの時にお世話になった、アメリカ人のデイビッドです。彼は神戸で働いていたのですが、ちょうどその頃にアメリカに里帰りしていて、私たちの様子を見に来てくれたのでした。緑濃いワシントンD.C.の住宅地の一軒家に、私たちは仮住まいをしていました。夏は午後九時頃まで明るくて、私たちは家の前庭でビールを飲んで夕涼みをしていました。

私たちの話は当然、神戸で受けたセミナーの体験が中心でしたが、何かのきっかけでデイビッドが私に質問しました。

「君は一体、誰に一番、好かれたいのだろうか？」

思ってもみなかった質問でした。私は一生懸命考えて、母かな？　父かな？　夫かな？　姉かしら？と一人ひとりの顔を思い浮かべながら考えていました。すると、デイビッドが教えてくれました。

「他人ではなく、君自身から好かれること、それが一番大切なんだ」

「自分自身を本当に好きで愛していれば、この世に問題はまったくなくなるのだよ」

私の頭は？？？のはてなマークでいっぱいでした。自分で自分を好きになる？　自分で自分をどう思っているかって？

そんなことは考えたこともありませんでしたが、その夜、寝る前に自分が自分をどのように思っているのか、じっくり観察しました。するとなんと、私は自分のことが何から何まで嫌いだったのです。何ひとつ、自分について許せることはありませんでした。一〇〇パーセントどころか、二〇〇パーセント、大嫌いだったのです。

さすがにこれではまずい、と思いました。自分のことが好きであればこの世に問題がなくなるとは、とても信じられませんでしたが、これほど自分が嫌いなのでは、人生がうまくいくはずがないだろうとは思いました。自分の人生を振り返ってみると、表面だけ見ればうまくいっているようですが、心の中はかなりぐちゃぐちゃだということにも気がついたのです。

神戸で受けたセミナーはアメリカ生まれで、ワシントンD.C.でも盛んなものでした。そこで今回は、自分を好きになるためにアメリカでまた、同じセミナーを受けることにしました。

二段階あるそのセミナーの上級コースを受けていた時のことです。セミナーの中で「あなたの秘密は何ですか？」というゲームがありました。そのゲームでは、みんなで輪になって座り、自分の心の中に分け入っていきました。そして自分の秘密を見つけたら、手を上げてそれを発表するというゲームでした。

私はこのゲームを始めたとたんに、自分の中にどんどん入っていきました。他の人の動きや言葉はまったく耳に入りませんでした。それほど自分に集中していたのです。そして、人には恥ずかしくて言えない秘密、誰にも言えなかった秘密など、次々に見つけ出しては発表していきました。そして、どれくらいたった時でしょうか？　突然、それまで自分にも秘密にしていたことが、心の奥底に見つかったのです！

「私の秘密は、自分は生きていてはいけないと思っていることです。自分には価値がないと思っているのです」

この言葉を言ったとたん、私の目から涙があふれ出しました。それと同時に、なぜ自分がそのように思っているのか、またなぜ、自分が今までのような生き方をしてきたのかも、すべてわかってしまったのでした。そしてその後、私はずっと泣いていました。いくら泣いても涙が途切れることはないくらい。それは悲しみの涙でもあり、やっと見つかった、やっとたどり着いた、という喜びと安堵《あんど》の涙でもありました。

私は戦争中に生まれた三人目の女の子でした。社会も家族も、みんなが「男の子でないと困る」と思っていたのに、生まれてきたのは女の子の私だったのです。そして、物心ついてからずっと、「あなたが生まれた時、誰も喜ばなかった。こんな子はいらないと言ったのよ。でも、私はあなたを産んだから愛しているのよ」と母に言われて育ちました。この事実、この言葉から、私は自分で結論を出したのです。

「そうか、私はいらない子供なのだ。生きていてはいけないのに、生きている。ここにいる価値がないのだ」

そして、**その思い込みがずっと私の人生を一番深い所で規定してきた**のでした。

自分は価値のない人間だと思っている人は、実はかなり多いのです。自分なんて、たいしたことがない、自分は何もできない、人より劣っている等々、自分を否定しがちな人は、皆、自分はあまり価値のない人間だと思い込んでいるのです。そして自分の外側に資格とか地位とか、お金とかをくっつけて、やっと自分はここにいて良いのだよと、少しは価値のある人間だと認めようとしがちです。もしくは、どうせ自分は駄目なのだから、と一生自堕落な人生を送る人もいるでしょう。たとえ他人から認めてもらうために、お金や地位などを追いかけて一度はそれらの物を獲得して自信を持ったとしても、何かでそれを失ったり、人から評価されなくなったりすると、とたんにまた元の無価値感が戻ってきて、自分はなんて駄目な奴なのだ、と考えてしまう人もたくさんいます。でも、人間は皆価値があるのです。自分は素晴らしい、と思っていれば、そのような自分になっていきます。反対に自分は無価値だと思っていると、たいしたことのない自分を作り出してしまいます。

「自分は生きていてはいけないのに生きている」と、私は思い込んでいました。「自分は価値のない人間だ」と、信じていました。幼い子供の頃は、だからなるべく目立たないように、自分の要求は表に出さないように、人の迷惑にならないように、常に気を遣って生きていたように思います。だから人から注目されたり、かわいがられたりすることはありありませんでした。

ところが小学校四年生の時に、担任の先生に初めて褒められました。その時どれだけ、気持ちが良かったことか。自分をやっと認めることができました。先生に褒められて自分も少しは見所があるのだ、と思えたのです。そして突然、クラスの劣等生からクラス一の優等生に変わってしまいました。優等生になって先生や親から褒められれば、自分は生きていても良いのだと、自分で自分を許すことができたのでした。

これはとてもつらい生き方です。人に褒められている間は、自分で自分を認めることができます。でも、少しでも人から非難されたり成績が落ちたりすると、「なんて自分は駄目なのだろうか。価値がない人間なのだろうか」と元に戻ってしまいます。だから私はいつも追いかけられるように、成果を求めて生きていました。

うまくいっている間は良いけれど、少しでもそこから落ちると、もう大変でした。自分では気がついていませんでしたが、**人の評価によって大きく揺れ動く人生**だったのです。そんなことにやっと私は気づいたのでした。

それに気づいたとはいえ、そしてもうそれはやめよう、自分をもっと大切にしよう、自分を認めようと決心したものの、それはほんの始まりに過ぎませんでした。自分を許し、認め、好きになり、愛するということは、四十年間、自分を嫌ってきた私には至難の業《わざ》だったのです。とはいえ、この発見によって、私の人生の方向ははっきり決まりました。

「自分をもっと好きになる。ありのままの自分を愛する」

それが、それからの私の目的になりました。毎日がそのための気づきと修行の場になった、と言っても良いでしょう。

こうして私のアメリカ生活は始まりました。それはまた、新しい自分を愛する生き方を実現するためのプロセスの始まりでもありました。それまでとは違って、私は自分の感情や思考や心の中に意識を向けるようになりました。美しいワシントンD.C.の町を楽しみながら、同時に私は自分が少しずつ自分を認め始めたのを感じました。

すると、人とのかかわりや物事に対する考え方も少しずつ変わって、生き方が楽になっていきました。そしてワシントンD.C.の生活を思い切り楽しむようになっていました。

面白い本と出合いました

ワシントンD.C.での生活も二年たった頃のことです。夫が面白い本を秘書の机の上に見つけました。映画女優の書いた本でした。夫は映画が大好きで、よく映画俳優の自伝を英語で読んでいました。「この本面白いですよ」という秘書のすすめと、映画女優の伝記だったことで、彼はその本を借りてあっという間に読み終わり、すぐに、私にも読むようにと、本を手渡してくれました。

私も一度読み始めると目が離せない状態になって、あっという間に読み終えてしまいました。そして、思ったのです。

「私が知りたかったのは、この本に書いてあることだった。ここに書いてあることが真実なのだ。そして、私はこのことを知っていたのだ」と。

まさに心が打ち震えるような感動を覚えていました。世界がぐっと広く深くなったように感じました。これこそが真理であり、今知らなければならないことなのだと思って、ドキドキしていました。

この本は、当時、ハリウッドで人気絶大な女優、シャーリー・マクレーンの『アウト・オン・ア・リム』でした。でも、うっかりこの本のことをやたらな人に話したら、まずいことになるとも感じました。だから、親友にも話さずにそっと自分の胸に隠していました。

アレキサンダー・エベレットの教え

その頃、セミナーで知り合った友人たちが、アレキサンダー・エベレットという人を招いてセミナーを開きました。私にもお誘いが来たのですが、電話をくれた友人曰《いわ》く、

「このセミナーはスピリチュアルなセミナーなのよ」

「スピリチュアルって何?」

「スピリチュアルはスピリチュアルよ」

とまったくよくわからなかったのですが、私は夫と一緒に行ってみることにしました。

当日、セミナー会場に行くと、たくさんの椅子の上に『アウト・オン・ア・リム』の原書が置いてあるのです!! あ、あの本、こんなにたくさんの人が読んでいるのか!

そして、アレキサンダー・エベレットは、朗々たる美しい声で、まさに『アウト・オ

ン・ア・リム』に書かれている見えない世界について、輪廻転生について、見えない霊的な世界と繋《つな》がることの大切さについて、語ってくれたのでした。そして霊的な世界（スピリチュアルな世界）と繋がるための瞑想を教えてくれました。セミナーの最後、彼はとても重要なことを話してくれました。

「今世界は変わろうとしている。愛と平和の世界を作ることが急務だ。そして一人ひとり、この世に生まれてきた目的を持っている。私は自分の目的をよく知っている。二十一世紀までに**愛と平和の世界を作ることが私の人生の目的**なのだ」

すごいと思いました。そんなに地球規模の、いや宇宙規模の思いを持って生きている人がいるのかと思いましたが、自分からは遠いことだとも感じました。でも、夫は違いました。「僕も同じ目的を持っていると思います」と彼は宣言したのです！　びっくりしましたが、「彼だったらそうかもしれない。でも、私はそれほど大それた目的を持っているとは思えない」というのが、その時の私の感想でした。

本で霊的な話を読むのと、目の前の人が霊的な話を蕩々《とうとう》と話してくれるのとでは、インパクトが違いました。アレキサンダー・エベレットに出会うことで、私にとって『アウト・オン・ア・リム』の世界がぐっと身近で具体的な存在になり始めたのでした。

他にも兆《きざ》しがありました。ベトナム人のキエン・トランとの出会いです。彼は顔を見るとその人の抱えている問題や未来が見えるという、不思議な人でした。太極拳の名人でもあって、私たちのために太極拳のクラスを開いて教えてくれました。静かな動きの太極拳を習っているうちに、私は自然と変性意識状態に入るようになっていきました。

最初の呼吸を始めると、意識がすっと別の次元に入ってしまうのを体験したのです。そして、先生を見ていないのに、先生とまったく同じ動きをしている自分に気づいたこともありました。これは何かしら？　一体自分に何が起こっているのかしら？　そんな体験がシャーリーの本へのガイドになっていたのかもしれません。

『アウト・オン・ア・リム』を翻訳したい

それからしばらくして、突然、夫が言い出しました。「日本人にも読んでほしいので、僕はこの本を日本語に翻訳しようと思う」。え、何を言い出すの？　翻訳など、したこともないのに。それにシャーリー・マクレーンのような有名人が書いた本が、まだ日本語になっていないはずがないのに、というのが私の最初の反応でした。

彼は私の意見には耳も貸さず、出版元であるニューヨークのバンタム社にすぐに電話をかけました。すると編集者が出てくれて、まだ日本語にはなっていない、訳してくれるなら大歓迎、版権を日本の出版社に買ってもらって、あなたが訳せば良いのよ、と親切に教えてくれたのでした。

どうすれば日本の出版社にアプローチできるのでしょう？

でもそれもすぐにクリアできました。大使館に出向していた上智大学の英文科の先生が、二つの出版社を紹介してくださったのです。すぐに両方の出版社に電話すると、間もなく、地湧社という小さな出版社が版権を買ってくれることになりました。あっという間に、翻訳することができるようになってしまったのです。

そこで私は夫にお願いしました。私にこの本の後半を訳させてほしいと。彼は快く、「いいよ」と言ってくれました。

実は彼が感銘を受けたのは、**「自分を知ることが最も大切だ」**というこの本の前半部分でした。後半の超常現象やＵＦＯが出てくる部分は、まだ受け入れられていませんでした。ところが私はその後半部分に最も感動していたのでした。そして、三カ月で翻訳が終わりました。その頃、夫の任期も終わりに近づき、私たちは帰国の準備を始めました。

サン・ジェルマン伯爵との出会い

引っ越し荷物を日本へと送り出し、いよいよそれまで住んでいた家を引き払う日――その日は一九八五年七月一日でした。家で留守番をしていた私に、夫から電話がかかってきました。

「アメリカ人の友達から電話があって、最近チャネラーになった人がいるので、面白いから会ってみないか、と言うのさ。電話したら、今日、仕事の後に会おうということになったので、会ってくるね」

あら、面白そうね、と私も軽い気持ちで応じました。以前、一回だけ、ドライブの途中で「チャネリング」という看板を見つけて、面白半分に行ってみたことがありました。そのチャネラーは中年の女性で、「幽体離脱をしてみんなで町まで行ったりして、面白いのよ」、みたいな話をしてくれました。だから、チャネラーと聞いても、あら、そう、という感じでした。

午後七時頃、夫が汗びっしょりになって帰ってきました。顔色もやや青ざめています。どうだった？　何を言われた？と聞くと、他に誰もいないのに私の耳元に囁《ささや》くような小さな声で、**「不思議なことを言われたよ」**と、夫は話し始めました。

そのチャネラーはリア・バイヤースという女性で、二週間くらい前にニューメキシコのチャネリングクラスに行き、そこで精霊からのメッセージを受け取るようになったとのことでした。その精霊はサン・ジェルマン伯爵と名乗り、それぞれの前世について、今という時代について、その人の役割についてなど、いろいろな情報を人々に与えていました。そして夫もそこに呼ばれたのでした。そして、その精霊は次のように夫に伝えました。

「今は時代が大きく変わろうとしている。地球上の人間は今まで自分勝手に戦争をしたり自然を破壊したりしてきた。そして今や、人類は地球を滅ぼしてしまいかねない状態になっている。それでは宇宙全体が困るので、今、宇宙のすべての存在が人類の意識を変えるために、必死になって働いている。あなた方が訳した本、『アウト・オン・ア・リム』は人類の意識を変えるための大切な本であり、私たちがシャーリーに書かせたのだ。そして、あなた方に日本語に訳させたのも、私たちなのだ。さらに言えば、君をワシントンD.C.に送ったのも私たちの仕事だった」

「これからはどんどん世界が変わっていく。君たちはその変革をになう役割を持っているのだ。これから大きな地震が起こって、カリフォルニアが沈むだろう。また、一九八九年には、ロシアに大地震が起こり、それが日本に影響して大きな洪水を引き起こすだろう……」

それはまったく聞いたこともない話でした。確かに私たちは二人で『アウト・オン・ア・リム』を翻訳しましたが、それはあくまで自分たちがしたいと思ったからでした。それに夫をワシントンD.C.に転勤させたのは、役所の人事課でした。私たちが精霊に導かれていたとは、本当なのでしょうか？　地球に私たち人類に、大きな変化が起こるというのは本当でしょうか……。

頭で考えるとくらくらするような話でした。でも、私はなぜか、「これはきっと本当の話に違いない」と感じました。私はシャーリーと同じように、信じやすいおバカさんなのでしょう。そして、この話をワシントンD.C.のまだ明るい夕暮れの中で聞いている間に、**私は自分が今までとは違う世界にいることに気づきました**。それは精霊のいる世界、精霊と共に働く世界、今までの何倍も何十倍も大きく広い世界でした。

『アウト・オン・ア・リム』の中でシャーリーは精霊と出会い、幽体離脱をし、「私は神」と叫び、ペルーの山の中でたくさんの神秘体験をしています。それは彼女が有名人であり、本を書くために必要だったことであって、私に起こることではない、と思っていました。でもその日、その時に起こったことは、まさにシャーリーに起こったことと同じでした。少なくとも、**私もまた精霊と知り合いになってしまったのでした**。

その翌日、私はリアと会って、直接サン・ジェルマン伯爵と話すことができました。彼は私に言いました。

「今宇宙全体が地球人の意識を変えるために働いているが、地球人である君たちも一緒に働いてくれないとうまくいかないのだ。ついては、君たちも私たちと一緒に働いてくれないか？　もちろん、いやだったらことわっていいよ。何しろ、これは大変は仕事だからね」

こんなことを精霊から言われたら、誰でも舞い上がってしまいますよね。私も舞い上がって、「はい、もちろんやります！　楽しそうだもん」、なんて答えていました。

さらにもう一度、私たちはリアと会いました。その時もまた、精霊は同じことを質問し、私たちは「もちろん、一緒に働きますよ」と答えました。でもなんでまた聞くの？

すると精霊は言いました。

「これは大変つらいことだよ。ことわってもいいのだよ」

しかし、それを聞いてひるむ気はまったくありませんでした。「大丈夫。やります！」と二人で元気に答えたのでした。

もう私たちの世界は、リアと、そして精霊との出会いによって、まったく変わってしまいました。目に見える周囲の風景は同じでしたが、その風景の向こう側に、どこまでも続く広くて大きな世界がありました。目に見える世界よりも、その世界はもっと精密で力を持ち、すべての動きを統括しているように見えました。

前世を信じている僕　（※この書体は、ここ以降、紘矢氏のパートです）

前世を信じている人は日本にはどのぐらいいるのだろうか？

スピリチュアルなことを学んでいる人は、ほとんどの人が、本当の自分とは身体でもなく、マインド〈頭脳〉でもなく、スピリット〈魂〉だと知っているのではないかと思う。

ところが最近、精神世界ではやりの非二元論の世界を語る人たちは、「自分はいません、すべては自分の脳が創り上げている幻のストーリーであり、輪廻転生も、もちろんそのストーリーに過ぎない」と言っている。そして、これもまた一つの見方だろうと思う。

確かに、輪廻転生はそれを証明する客観的な証拠も、それを事実と証明するものもない。本当のところはわからない。わからないから、輪廻転生はない、というのも、また一方的な見方だろうと思う。

ただ、どの観点から見ているかによって、見え方は違うのだろう。

同じように、神の存在も証明できない、だから神は存在しない、と言っている著名な物理学者もいる。が、それはそれで良し。ただ、僕にとっては驚きである。僕たちがここにいること、生きていること、一つの花、一匹の昆虫の完璧《かんぺき》な姿形、動きを見るだけで、僕には神の存在は否定できないからだ。

昔の僕はどうだったのかわからない。神なんて人間の創造物だと思っていた。それは僕が、深く物事を考えたこともなかったからだろう。幸いなことに今ではとても信心深くなり、神を信じている、いや、信じているというより、それよりはるかに深く、知っていると言ったほうがよい。そして、輪廻転生も信じている。

二十代の頃の僕は輪廻転生や前世のことなどは、全くもって作り話だと思っていたことも本当だ。その頃は、前世を信じている人に出会ったら、おかしな人だな、あまり友達になりたくないな、と本当に思ったものだ。実際に、ある時不思議な人たちが集まっている場所に行った時、そこに前世のことを話す女性がいて、僕は自分とは合わない世界に紛れ込んでしまったような気がして、戸惑ったことがあった。

前世を信じるようになったのは『アウト・オン・ア・リム』を翻訳してから、まさか自分には起こるはずのないこと、つまり、見えない世界に存在する精霊との交信が始まったからである。

それ以降、それまでは全くあり得ないと思っていた見えない世界、異次元の世界の存在を否定できなくなった。そして見えない次元に存在する精霊から伝えられるメッセージを確かに受け取るようになったのだ。

はじめは信じられなかったが、「もしかしたら、そういうこともあるのかもしれない」と思い始め、次第に、「輪廻転生は確実にある」と確信するようになっていったのだった。

その後、ブライアン・L・ワイス博士の『前世療法』『魂の伴侶』などを翻訳し、輪廻転生はある、と積極的に思うようになった。そして、輪廻転生の考え方を広く知らしめる翻訳の仕事を本格的に始めたのだった。

その後、いろいろな機会に自分の前世を教えてくれる人に出会うようになり、今では、前世があることは当然、そして当たり前のことだと思っている。自分たちの周りに集まっている人たちの間では、前世がある、と思っている人が大多数だ。意識の幅が広くなって、とても素晴らしい世界に生きるようになった。国境も越え、人種も超え、男女も超え、時代も超え、すべての人間は平等である世界が開けてきた。

*

最初に僕の前世を教えてくれたのは一九八五年にアメリカのワシントンD.C.で出会ったリア・バイヤースだった。彼女はサン・ジェルマン伯爵（英語の発音は、セント・ジャーメイン）という精霊からのメッセージを伝えることができる女性で、僕が中国人の革命家だったこと、次にロシア人でやはり革命家だったこと、その次にはアメリカ人の農民だったこと、そして今生、日本人として生まれたということを教えてくれたのだった。

荒唐無稽《こうとうむけい》な話だったが、僕はとても興味にかられてどの時代の中国だったのか、どんな革命に遭遇して命を落としたのか、いろいろ調べてみたものだった。世界観が突然に一変し、びっくりしたことを憶《おぼ》えている。結局、歴史的にいつの時代だったのかは判明できなかった。特に英語で中国の古代国家の名前を言われても、それを日本では何と呼んでいるのかわからずじまいで、時代、国名などを特定できなかったのだ。

中国の前世でもロシアの前世でも、世の中をより良くしようと頑張っていたようだ。そして、反乱を起こしたり、革命に参加したりして、悲しい結末（殺されたり、牢獄《ろうごく》に入れられたりした）に遭遇したらしい。

中国、ロシアの次にアメリカに転生した時にはカンザス州のウィチタに住んでいたそうだ。この三つの前世の話は、僕の頭の中に深く刻み込まれた。自分は中国人であったことも、ロシア人であったことも、アメリカ人であったこともある、と驚く一方で、意識が広がるような気がした。

その後、亜希子がチャネラーとなり、聖白色同胞団の精霊と自動書記で交信するようになったので、聖白色同胞団やサン・ジェルマン伯爵などの情報を詳しく調べてみると、これらは決して荒唐無稽な作り話などではなく、歴史的にも多彩なエピソードがあるということがわかり、世界はさらに大きく広がっていった。

サン・ジェルマン伯爵などは、すでに十八世紀のフランス革命当時に、フランス社交界に人間の姿をして現れていて、多くの人々が実際に会っていたとの記録がある。

それがなぜ、今の時代に僕たちの前に精霊として現れたのかはわからないが、大きな歴史の流れの中で、何か僕たちに課せられた役目があるような気持ちにさせられたのは事実である。精霊たちは僕たちに、人々の意識を変えるためのお手伝いをしてはくれないか、と頼んできたのだった。調べてみると、これは神智学、あるいはニューエイジといわれる動きの中の一つであるようだった。

＊

確かに輪廻転生の考え方、僕の前世の物語は、僕の意識の幅を広げてくれたのだった。自分の前世や輪廻転生から学んだことは、僕にとってはとても重要なことだった。

1、人は身体ではなく、魂が本質であり、死がすべての終わりではないこと。
2、男に生まれたり、女に生まれたりしている私たちは、男女平等であること。
3、人種、国家、宗教、肌の色、職業など、数え切れない過去生の中で、すでに様々な体験をしてきたこと。
4、人間はすべて平等であること。

5、私たちは過去にも生きていた、別の国でも生きていたということを知ることによって、自分という存在が時間を超え、国境を越えて存在すること。そして、死ぬことは表面的なものであり、人間の本性である魂は死なないこと。

輪廻転生を知ることによって、僕の世界観や意識は村のレベルから、町のレベルへ、日本国レベルから地球全体、さらに宇宙レベルにまで広がったのだった。また時間的な制約を超えて自分が存在していたことから、歴史に対しても、いつのどこの時代のことであっても、そこに実際に生きていたのかもしれないと、より身近に感じられるようになった。

自分は古代エジプト時代にもギリシャ時代にもイエスの時代にも存在していたのではないか、と意識が大いに広がるとともに、歴史の見方も深まった。

この先、まだまだ生まれてくる子孫のためにというだけではなく、自分のためにも地球環境を守らなければならないという気になったことはとても嬉しいことだった。意識が広がる、とはこのようなこともその一部だと実感している。

リアの来日

アメリカから帰国し、夫は大蔵省（現・財務省）に戻り、私はアメリカに行く前に働いていた会社で、時々アルバイトをするようになりました。それと同時に、『アウト・オン・ア・リム』の出版や日本における精神世界の現状を知るために、積極的に行動を始めました。

リアとは日本に帰国してからもずっと手紙や電話で連絡を取り合って、私たちはサン・ジェルマン伯爵の指導を仰いでいました。やっと東京の生活にも慣れた十一月、「私を日本に呼んでもらいたい」というサン・ジェルマン伯爵のメッセージが、私たちの元にリアから届きました。つまり、リアを日本に招待しなさい、というのです。

びっくりしましたが、呼ばないわけにはいかないと思いました。そして私たちが旅費を出してリアに日本に来てもらおうと、すぐに決めました。すると、ではお手伝いしますよ、という人が現れて、リアが東京と名古屋で希望者にチャネリング・セッションをすることになりました。そして十一月末から十二月初めまで日本に滞在するという日程が決まると、今度はリアに講演依頼が飛び込んできました。なんと、リアが来日してすぐに、第一回日本精神世界学会の総会が予定されていたのです。そこで、「サン・ジェルマン伯爵からの緊急メッセージ」というテーマでリアが講演をすることになりました。リアを紹介するのは山川紘矢、通訳は私でした。

来日したリアは、アメリカで会った時よりもずっと光り輝いていました。サン・ジェルマン伯爵そのものがそこにいるような感じさえしました。そして来日早々、デパートに行って購入した真っ白なワンピースと紫色のストールを着ると、輝くばかりに美しくなりました。

東京でのチャネリングと講演、そして雑誌のインタビューを終えてから、リアと私、そして彼女が連れてきたアメリカ人の友人の三人で、今度は名古屋に移動しました。そこでは宗教儀礼研究所の大沼忠弘先生のお世話で、講演会と個人チャネリング・セッションが行われることになっていたのです。

個人セッションは毎日四人ずつ、三日間続きました。リアはまだ駆け出しのチャネラーです。慣れない日本の生活、通訳を介してのチャネリング（通訳は私）、セッションの前にクライアントのために自動書記で情報を収集する、リアの仕事量は隣で見ていても、ハラハラするほどでした。

「チャネラーって大変なのね。私はチャネラーでなくてよかった。チャネラーの友達を持っていれば、必要な情報はすぐに手に入るものね。私はなんて恵まれているのだろうか」と密《ひそ》かに思っていました。

ところが三日目の夜、リアが、というかリアを通してサン・ジェルマン伯爵が、私に命じたのです。

「これから自動書記の練習をしなさい。あなたもチャネラーになるのですよ」

私はホテルに帰ると、自分の部屋で自動書記の練習を始めました。手はどんどん動きますが字にはなりません。そのうち、頭に何か言葉が現れることに気づきました。最初に感じた言葉は「ｙｏｕ」。英語の「あなた」という言葉でした。そこで手を少し、筆記体でＹｏｕと書く方向へと動かしてみました。すると、どうでしょう、手が自然にＹｏｕと書きだしたのです！　そしてひとつの文章が書き出されました。

「You are my mind and my voice.」

日本語にすれば、「あなたは私のマインドであり声です」。

これが正確に何を意味するのかは、よくわかりませんでしたが、多分、「ｙｏｕ」とは私のこと、「ｍｙ」とは精霊自身のことであり、つまりは、私は精霊のためのマインドと声なのだ、ということのようでした。精霊は、自分自身では人々に真理や自分の思いを伝えることができません。伝えるためにはそれを代弁してくれる人間が必要なのです。そしてその人間がいわゆるチャネラーなのでしょう。

そしてその後、ゆっくり手が動いて、英語でいろいろ伝えてくれました。こうして、私は自分では望みもしなかったのに、自動書記を通して、精霊の言葉を書き留める役割、つまりチャネラーになったのでした。そしてこの時もまた、私は自分がさらに未知の異次元へと分け入ったように感じました。

しかしながら、一方でこれは今までも同じようなことをやっていたような気もしました。三年前にアメリカでセミナーに参加していた頃、初めて会った人なのに、その人についてなぜかいろいろわかってしまう、ということがよくありました。あなたはこうでしょう？と聞くとその通りだったことが何回もあったのです。

またリアが来日する数カ月前には、昔の仕事の同僚とお茶をしている時に、急にスピリチュアルな話をし始めたことがありました。自分でもあまり知らないような話をよどみなく話している自分、私の目をじっと見つめたまま瞬《まばた》きもしないで私の話を聞いている同僚。それは不思議な時間でした。

そしてそれもまた、多分、チャネリングだったのかもしれません。私はそれと知らないうちに、すでに何回か精霊の言葉を受け取ったり、話し相手の真実を受け取ったりしていたのでしょう。

そしてすぐに思いました。「チャネリングという能力はすべての人が持っている力だ。でもみんなその力を封印して忘れ去っている。これからはどんどん人々がこの力に目覚め始めるのだろう。私は少し早かっただけ」。そして、まさにこれは本当になりました。今では多くの人が宇宙の知恵袋から情報を受け取ることができるようになっています。

こうして一九八五年の十二月初め、私はチャネラーになりました。個人セッションや講演会などで疲れ果てたリアは、その後いろいろ不思議なつらい体験をして、やっとのことでアメリカに帰っていきました。リアを送り出してほっとしたのも束《つか》の間、十二月十五日、今度は夫が喘息《ぜんそく》の発作で緊急入院してしまいました。彼はずっとアレルギー性気管支炎を持っていたのですが、喘息までにはなっていませんでした。だから二人とも、喘息がどのような病気なのか、よく知らなかったのです。喘息で呼吸がうまくできない夫を見て、私は恐怖に陥りました。きっとこれはリア来日の一件と関係あるに違いない。

そして私は決心しました。チャネリングをしばらく、年内は休止することにしたのです。何か禍々《まがまが》しい力が働いているような恐怖感でした。そして、神さまに約束しました。

「もし、私がいただいた**チャネリングという力**が、世界のために人々のために、あなた方が目指している人々の意識変革のためにどうしても必要であるならば、一九八六年の元日にもう一度、私は自動書記を試みるので、またメッセージをください」

夫は幸い、二週間で退院して、お正月は家で過ごせました。そして私は約束通り、元日の夜、自動書記をしてみました。すると、今までよりももっと強いエネルギーでメッセージが届いたのです。

神さまと約束したのですから、もう私はこの道を進むしかありませんでした。

「どうぞ私をお導きください。私はあなたの道具として働きます。もし、この道が蟻《あり》地獄のようなものであったとしても、私は自分の責任でこの道を進みます」

そしてその日から、私はずっとその通りにしてきたように思います。時には、もう嫌だ、やめたいと思ったこともありましたが、気を取り直しては、「やります」と言った道をただ、素直に進んできました。

自動書記は最初、英語でした。私の英語は完璧ではありません。一方メッセージはインスピレーションとなって私に入ってきます。それを英語に訳すのが私の役割のひとつなのですが、時々精霊が言いたいことはわかるのですが、英語でどう言えば良いのか、わからないことがありました。すると、私の頭の中で、ぱらぱらと自分の英語のボキャブラリーを検索して、一番意味の近い言葉に訳す、みたいな感覚のことがよくありました。

それはそれで楽しいのですが、やはりちょっと不便でした。そんな時、私よりも少し早い時期からチャネリングを始めていた北川恵子さんに言われました。「精霊はどんな言葉でもできるはずだから、日本語でメッセージをもらいなさい」。そこで私は「日本語でメッセージをください」とお願いしてみました。すると精霊が答えました。

「私たちは日本語を聞くことと話すこと、読むことはできるけれど、まだ書けません。今練習しているので、しばらく待ってください」

本当かしらね。そして一カ月ほどたった時、精霊が英語で私に伝えてきました。

「今日は日本語で質問してください。日本語で返事をします」

面白いですよね。私は嬉しくなって次のような質問をしました。

「私の守護霊は誰ですか？」

すると、私の手がゆっくりと動いて、日本語で返事を書き出しました。

「あなたの守護霊はお母さんのお母さんです。いつもあなたを守ってくれているので、お礼をしなさい。お礼の仕方は、お母さんに優しくすることです」

守護霊という難しい漢字も、ゆっくりですが正確に精霊は書き出しました。そしてそのメッセージの素晴らしさ！　お礼をしなさい、と言われた時、お墓参りに行くのかな？と思ったのですが、母に優しくしなさいとは！

でも、これほど納得のいくことはありません。母だけでなく、家族や友達、そして**すべての人に優しくすることこそが、守護霊に感謝すること**なのですね。そして守護霊はますますあなたを強く守ってくれるということでした。こうしてその日から、無事に日本語で精霊からのメッセージが届くようになりました。外国人にメッセージを伝える時は英語ですが、日本人の場合は日本語で正確にメッセージを伝えることができるようになったのでした。

喘息持ちの人生①

高校生の時、夜になると隣のおじさんの苦しそうな咳《せき》の音が聞こえた。母の説明によると、隣のおじさんは「喘息持ちで、大変そう」ということだった。まさか、人生の後半、自分が喘息で苦しむなんてことは想像もできなかった。ところが、僕は子供の時からアレルギー体質だったのだ。

春、山に行って、遊んで帰ると、翌日、顔がかぶれて膨らんでいた。知らない間に、山で漆《うるし》の木にふれていたようだ。かぶれがひどくなると朝、目を開こうと思っても、目が開けられない、両まぶたが目やにと膿《うみ》で張り付いてしまうのだ。母はホウ酸をぬるま湯でといたものを用意してくれた。脱脂綿でまぶたを洗うためだ。ホウ酸水で目を洗って、やっと目が開くようになるのだった。

現代では化学物質が多い生活になっているので、様々なアレルギーに悩んでいる人々が多いようだ。アトピー性皮膚炎で顔が赤くなって皮がむけている人もいる。出てくる症状は人それぞれ、みんな違う。僕の場合は漆にかぶれやすかった。時には腕がかぶれたり、指の間にかゆみを感じたりした。原因をさぐってみると、指の間のかゆみは少し前に漆塗りの箸を使っていたり、肘《ひじ》や腕のかぶれは漆塗りのテーブルに肘を接触させていたから、なんてこともあった。

なんともやっかいな体質、現象だけれど、母から遺伝したアレルギー体質なので仕方がない。別にたいした問題でもなくそんなに気にすることもなかったのだ。兄弟姉妹のうち、かぶれに悩まされるのは僕だけだった。それが後々、四十代になってから、そのアレルギー体質が僕の人生を変えるような代物《しろもの》になるとは、その当時は想像もできなかった。

＊

子供の時は喘息になったことは一度もなかった。それが四十五歳を過ぎてから息が苦しくなるということが起こるようになった。はじめはそれが喘息だということにも気づかなかった。アスピリン系の風邪薬にも、飲むと反応するようになった。

一九八〇年代、アメリカのワシントンD.C.で生活している時、初めて喘息発作を体験した。兄弟、親戚に喘息にかかったものは誰もいなかったから、自分が喘息になっても、まさか喘息ではないだろうと、なかなか自分では気づけなかったのだ。ドクター・

ブラックのところに行くと、小さな丸薬を処方された。それを飲むと喘息の発作はたちどころに止まった。

僕はその先生は名医なのではないかと思ったほどだ。後になって、処方された薬は長く使うと骨までもろくなったり、慢性症状になることもあるステロイド剤と知った。非常に危険な薬だということも実は後になってわかってきたのだった。

喘息はつらい病気である。アメリカ勤務が終わって、日本に帰ると、大蔵省の関税局の課長職を命じられた。しかし、喘息は徐々にひどくなっていった。発作が起こっていない時はごく普通の健康状態に見えるが、発作が起こると息ができなくなる。そして、いつ発作が起こるかはわからなかった。

三年間の苦しみ

精霊の出現、日本への帰国、リアの日本来訪、そして私のチャネリングの始まり、最後は夫の喘息発作と緊急入院、という激動の一九八五年がようやくのことで終わり、新しい年を迎えましたが、私たちにはそれがどのような一年になるのか、まったくわかりませんでした。

夫は大きな箱一杯の薬をもらって、暮れに退院してきました。毎日、何種類もの薬を飲みながら、なんとか発作は起こさなかったのですが、見るからに不安定な健康状態でした。仕事にも復帰しましたが、韓国出張中に喘息の発作を起こすなど、不安定な状態が続きました。そして一カ月もたたないうちに、ステロイドの副作用で顔が丸くなってきました。

一方の私は毎日、英語で精霊のメッセージを受け取っていました。まだ未熟だったので、それをどの程度信用すれば良いのか、よくわからない状態でした。夫の病気については、何回も質問をしていました。そしてムーンフェイスになり始めたら、ステロイドはやめるように、と言われました。さらに二カ月ほどたつと、「もう医者にも行ってはいけない。薬も飲んではいけない」と言われたのです。そして私たちは、それに素直に従いました。

薬をやめ、お医者様に行くのもやめてしばらくすると、喘息のひどい発作が起こるようになりました。でも、薬を飲むことはできません。精霊は、「ただ水を飲むように」と言うだけでした。発作はとてもひどかったのですが、一日半苦しむと自然に治まる、ということがだんだんわかってきました。

この頃になると、夫は次第に仕事にも行けなくなり始めました。朝起きて調子が良さそうなので役所に行くと、お昼過ぎには呼吸が苦しくなって帰宅する日が多くなりました。そして、一日中動けない日もありました。

それからまた二カ月くらいたつと、今度は精霊から食事を変えるように言われました。最初は肉類をやめなさい、と言われました。次は魚類、次は玄米にしなさい、そして最後は乳製品をすべてやめるように、と順次、指示されました。そして私たちは、素直にそれに従いました。最終的には、完全な玄米菜食になったのです。

マクロビオティックという玄米菜食の方法があることは知っていましたが、私はそれをきちんと勉強したことはありませんでした。ともかく自然食品店を探してそこで野菜、玄米、調味料などを買うことにしました。調理法もわからないままで出発した菜食でした。

そして、動物性食品をやめると、夫の体重はどんどん減少して、一番やせた時には四三キロになってしまいました。まさに骨と皮、という感じでした。私も一緒に玄米菜食にしましたが、少し体重が減っただけでした。

薬をやめてからは、発作が起きても止めるすべもなく、夫は呼吸がうまくできずに、ベッドの上に上半身を起こした状態で、ずっとそれを我慢するしかありませんでした。見ている私も、どうすることもできずに見守るしかなかったのです。

精霊は発作を起こす度に、**「これが最後の発作ですから、我慢しなさい」**と言うだけでした。そしてついに、私たちにもわかりました。「精霊は嘘を言っているのだ。これが最後のはずがない。どうなるのだろうか？」。

しかし、このつらい体験も病気も、必要があって起こっている、今までの自分たちから新しい自分たちになるためのひとつのプロセスなのだと、私たちはどこかでわかっていました。だから、お医者様に行く気も、薬に頼る気もほとんど起きませんでした。

あまりにつらくて、どちらかが「お医者様に見てもらいたい」と言い出すと、もう一方が「いや、それはやめよう。二人でもっと頑張ろう」と言って、医者に行くのをやめるということも何回もありました。こうして、三年間にわたる夫の闘病生活が始まったのでした。

『アウト・オン・ア・リム』の出版

ワシントンD.C.にいた頃に翻訳した『アウト・オン・ア・リム』は、すぐに日本で出版することができませんでした。それは私たちの責任でした。ワシントンD.C.でリアと会った時に、「この本はもっと大きな出版社から出しなさい。とても大切な本なのだから」と精霊に命じられたからでした。

帰国してすぐに、そのことを地湧社の増田社長に伝えたのですが、もちろん、すごく怒られてしまいました。版権はすでに地湧社が持っていて、それを他社に移すなど、出版業界ではあり得ない話だったのです。でも、そんなことも知らず、精霊の言葉は絶対だと思い込んでいた私たちは、あくまで自分たちの主張を繰り返し、打開の道を探し続けたのでした。

そんなある朝、夫が突然、「これからシャーリーに電話する」と言って、アメリカに電話しました。すると、すぐにシャーリー・マクレーンが出てきました。夫は、この状況を彼女に説明して、助言を求めました。すると、シャーリーはこう言いました。

「精霊が出てきたことも、あなたが言っていることも本当だと思うわ。でもね、精霊が命じたからといって、**この世界でできることとできないことがある**のよ。出版社を変えるなんて、今の出版社にかわいそうじゃないの。その出版社から出してあげなさい。出ないよりも出たほうがずっと良いのだから」

シャーリーにこのように言われてはどうしようもありません。夫も私も増田社長にあやまって、私たちの翻訳で出版することにしました。あまり人に頭を下げたことのない夫でしたが、この時ばかりは平身低頭、心からあやまるより仕方ありませんでした。夫にとってはかなりの修行だったようです。

そして、その後すぐに、リアの来日が決まったのでした。多分、精霊も出版問題の片がつくまで、待っていたのでしょう。

出版が決まったとたん、夫が私に言いました。

「この本を訳すと決めたのは僕だ。そして、精霊から人の意識を変える仕事を引き受けたのも僕だ。君は僕を助ければ良いのだから、この本は翻訳者として、僕一人の名前で出すよ。家内が手伝ってくれましたって、あとがきで書いてあげるね」

まあ、それでいいか、翻訳は楽しかったものね。私はお手伝いなのね。確かに精霊はそう言っていたなあ、と私もそれなりに納得していました。

ずっとそのようにことは進んでいたのですが、夫が喘息の発作を起こして入院し、何本もの管に繋がれていた時、地湧社から電話がありました。

「この本の著者は女性ですよね、奥さんも半分翻訳したのだから、翻訳者として二人の名前で出したいのですが、いかがですか？」

女性の書いた本だから、翻訳者も女性の名前があったほうが良いとは、考えもつきませんでした。なるほどね、というわけで、私は入院中の夫に相談もせずに、そのようにお願いします！と答えたのでした。そして、あまり私の名前が目立たないように、山川紘矢・亜希子にしてくださいね、と言ったのでした。

ちなみに、紘矢も亜希子も実はペンネームです。翻訳中に夫がアフリカに仕事で出かけたことがありました。その時にお世話になった方が姓名判断に詳しい方で、夫の本名は少し弱いから、もっと良い名前にしたほうが良い、と助言してくださいました。そして有名な姓名判断の先生を紹介してくださったのです。

夫はすぐに先生に連絡して、**新しい名前をください**とお願いしました。すると数日して、「紘矢」という名前をいただきました。この名前は、先生が神さまにお祈りしていた時に降りてきたのだそうです。だから、その時から本を出す時に使う名前は山川紘矢、と決めていたのです。

日本に帰国してから、私たちは先生にご挨拶に行きました。そして、私にも名前を付けてください、とお願いしました。何に使うあてもなかったのですが、私の本名は難しい漢字だったので、もっと簡単な名前が欲しかったのでした。そしていただいた名前が亜希子。私の場合は神さまから送られてきたわけでもなく、何種類か先生が提示してくださった中から、一番良さそうな名前を自分で選びました。

そして出版社から「奥さんの名前も載せましょう」と言われた時に、とっさに山川亜希子にしてくださいとお願いしたのでした。

『アウト・オン・ア・リム』発売される

夫の喘息も小康状態だった一九八六年二月初めに、いよいよ『アウト・オン・ア・リム』の日本語版が地湧社から発売になりました。今のようにインターネットがある時代ではなく、アマゾンもありませんでした。本は本屋さんで買うものだったのですが、初版の四〇〇〇部はほとんど宣伝もしなかったのに、すぐに売り切れてしまいました。

私たちは精霊に言われて、約一〇〇人の有名人に本を送りました。読んでくれた人はあまりいなかったかもしれませんが、なんと、瀬戸内寂聴さんが朝日新聞の小さなコラムにこの本について書いてくださったのです。それも私たちがお送りした本を読んでくださったからのようでした。

また、朝日新聞の日曜版に、私たちが大きな囲み記事になったこともありました。大蔵省の役人がハリウッド女優の本を訳したのが珍しかったからでしょう。写真入りのその記事はかなり目立って、良い宣伝になったのだと思います。

また、それからしばらくたって、料理研究家・アートフラワー作家の飯田深雪さんが週刊誌で『アウト・オン・ア・リム』を取り上げてくださいました。出版社は予算がなくて宣伝できなかったのですが、このようにいろいろな方に助けられて、少しずつ、この本は売れていきました。

それと同時に、毎日、私たちの元に読者からの手紙が送られてくるようになりました。本の奥付に私たちの住所が書かれていたので、それを見て手紙をくださったのです。どの方も**「この本を読んで人生が変わりました」**など、深い感動と思いを書いてきてくださいました。いただいた手紙に全部、返事を書くのが私の新しい日課になりました。

「お手紙をありがとうございました」と書いた後は、それほどよく考えもしないのに、すらすらと文章が出てきました。そして、私の返事を受け取った方からまた手紙が来ることがよくありました。すると必ず、「どうして山川さんはそんなによく私のことがわかるのですか?」と書かれていました。

私にわかるはずがありません。まったく知らない方たちなのですから。そしてやっとわかりました。私が手紙を書いているのではない、私は精霊の言葉を書き取っているだけなのだと。つまり、私は自動書記で手紙を書いていたのでした。

そして、その時やっと、なぜ夫と二人の名前で本を出したのかがわかりました。手紙を書いたり、電話に出たりするのは私の仕事だったからです。夫には役所の仕事がありました。そしてその後は、病気で何もできない状態になってしまったからでした。私の名前もあったおかげで、山川亜希子という名前で手紙を出したり、電話を受けたりできたのです。そうでなければ、少しややこしくなっていたことでしょう。

精霊主導のセミナー開催

『アウト・オン・ア・リム』が発売になってすぐ、精霊から特別のメッセージが伝えられました。「泊まりがけのセミナーを開きなさい」というメッセージでした。それも当時、輪廻転生の研究を続けていた若者、浅野信さんと洋子さん夫妻と一緒に、四月の初めに日立市（茨城県）で行いなさい、という具体的な指令でした。すぐに二人に連絡を取って、着々と準備が始まりました。

どのように人を集めれば良いのでしょうか？　まずは、私たちに手紙をくださった皆さんに案内状を出して、参加を呼びかけることでした。そして、浅野さんの仲間たち、それから、日本精神世界学会の総会でリアが講演をした時に知り合った方たちと、私たちの昔からの友人にも呼びかけました。

何をするのかも、どのような集まりになるかも、精霊がすべて指示してくれました。どんな色の服を着て、どんな花を飾るか、話のテーマから瞑想のことまで、彼らはこと細かに、私たちに教えてくれました。そして、なんと、全国から参加申し込みがありました。何が起こるのか、ワクワクしながら、当日を迎えました。

日立に出発する前の日、いつものように精霊のサン・ジェルマン伯爵からメッセージが来ました。ところがそのメッセージは、「もう私はあなたに教えることはすべて教えました。**私はあなたの元を離れます。**そして新しい精霊があなたを指導します」というお別れの言葉でした。

それまでの三カ月間、サン・ジェルマン伯爵は日々、私にメッセージを届けてくれました。私は彼の指導を受けながら、夫の病気に対応し、本の発売に備え、セミナーの準備をし、読者からの手紙に返事を出していました。いわば私にとってサン・ジェルマン伯爵は一番身近で頼りになる先生でした。その人が、もう私はあなたの元を離れます、と言うのです。私は思わず、声を出して泣いてしまいました。彼は私には、まったく実在の人物そのものだったのでした。

「いつでも私を呼んでください。すぐに来てあげますよ」

と言ってくれましたが、寂しくてたまりませんでした。

そして翌日、日立に行く前にメッセージを届けてくれたのは、イタリアのアッシジの聖フランチェスコでした。彼は自分のことを英語名のセント・フランシスと称していました。とても慎《つつし》み深くてやさしいエネルギーの持ち主でした。そして、第一回の記念すべきセミナーは、実際には彼の指導で行われたのでした。

そのセミナーでの私の話のテーマは「自分への愛」、夫の話のテーマは「神の愛」でした。「自分への愛」という私のテーマは、アメリカに滞在していた間の私の課題そのものでした。人前で話などしたことはありませんでしたが、このテーマであればなんとかなると思いました。でも、夫のテーマ「神の愛」とは何なのでしょう？　二人ともどんなことを話すのか、見当もつきませんでした。

するど精霊は、「ただ人の前に立ちなさい。そうすれば自然と話せます。私たちが面倒をみますから」と言いました。もうお任せするより仕方ありません。

二人とも心配するのはやめて、**精霊にすべてゆだねることにしました**。

その結果は、素晴らしい話になりました。夫など、ほとんどトランス状態でゆっくりゆっくり、神の愛について語り続けましたが、自分では何を話したのか、まったく覚えていないのでした。私にしても、自分で話しているとは思えませんでした。初めての不思議な体験でした。


精霊はもう一度、日立でセミナーをするようにと言ってきました。前回と同じように、浅野夫妻と協力して準備をしました。参加者もさらに増えて、遠くからはるばるやってきてくれる人たちも多くなりました。そしてまた、セミナーの前日、聖フランチェスコが私に別れを告げてきました。彼が私たちを指導してくれたのは、一カ月と少しでした。彼の柔らかくて温かいエネルギーは、私たちをとてもリラックスさせ癒《い》やしてくれました。今回は二人目の別れということもあって、私の思いは彼に対する感謝のみでした。

そしてその翌日、同じように日立に行く前に現れたのが、なんとイエス様でした。それまで、イエス様はあまりに高い存在なので、人に直接メッセージを伝えるようなことなどない、ということをあちこちで聞いていました。だから、本当にイエス様かどうか、よくわかりませんでしたが、彼のエネルギーは素晴らしいとしか言えない、澄み切った、しかも力強いエネルギーでした。

その日、私は「開会の言葉を言いなさい」と聖フランチェスコから言われていました。テーマも何もない開会の言葉、何を言えばいいのでしょうか？　私はとても神経質になっていました。日立に行く電車の中でも、ドキドキして落ち着きませんでした。

いよいよみんなが集まって、セミナーが始まりました。私はみんなの前に立ち、話し始めました。一分くらいたった時、突然、自分の中に澄み切った何かが降りてきたのを感じました。部屋の雰囲気がさっと変わり、気持ちの良いさわやかな空気に満たされました。自分の顔や声が変わったのを感じました。そして私ではない誰かが話し始めました。自分が素晴らしい笑みを浮かべているのを感じました。でもそれは私の笑顔ではありませんでした。私はただ、誰かに身体を貸しているだけだったのでしょう。そしてその誰かとは、イエス様だったと思います。会場にいた人たちの中にも、一瞬ですべてのエネルギーが変わったのを感じ取った人がいました。私だけの感覚ではなかったのです。

そしてそれ以降、私はずっとイエス様から直接、教えを受けることになりました。彼は私たちの教育係でした。当時の日本には、今のように多くの本もなく、多くのスピリチュアルに関する教師もまだいませんでした。だから、精霊は直接、私たちを指導することにしたのだと思います。毎日、素晴らしい教えを伝えてくれました。それも、現代的な比喩を使ってまるで聖書のように説明してくれました。やはり、この精霊はイエス様に違いない、と思いました。

その後、一回目と二回目のセミナーでの話を記録したテープを欲しいという方が、大勢現れました。私はその都度、ダビングしてお渡ししたのですが、ダビングする度に、なぜか、カセットデッキの前に座り込んで、自分たちの話をじっと聴いてしまうのでした。話の内容は何回も聴いて知っているのに、次の時もまた静座して聴き惚《ほ》れてしまうのです。

多分、私や夫は喉を貸しているだけ、**本当に話しているのは精霊だった**からでしょう。だから、精霊のエネルギーを受け取り、身体にしみこませるために、私は自分たちの話を何回も何回も聴かなければならなかったのだと思います。聴いていると、本当に気持ちよくて心身が癒やされる感覚がありました。

このセミナーは、この年から翌年にかけて、全部で五回開きました。最初の二回は日立で浅野さんとのジョイントでしたが、三回目からは私たちが独立して開きました。

三回目からは武蔵境にある東京都青年の家で、一泊二日、五食付きで三〇〇〇円で開きました。それでも多少お金が余るので、お菓子を買ったりミカンを買ったりして、お金が一銭も残らないようにしました。それもまた精霊からの指導でした。

このセミナーには、一人一回きりしか参加できない決まりになっていました。毎回三〇人くらいずつの定員は、すぐに満席になりました。次も参加したいという人も多かったのですが、そこは厳しく一人一回きり。だから合計でかなりの人数です。そして、次のようなコメントもいただきました。

「いろいろなセミナーに参加したことがあるけれど、たった三〇〇〇円で一泊二日のこのセミナーが一番良かった」

お世辞かもしれませんが、それはそうですよね。精霊がすべてとりしきっていますから、と密かに思っていました。

このセミナーを開いていた間に、夫の病気はどんどんひどくなっていきました。それでも二人で行かなければなりません。会場に連れていくだけでも大変でしたが、会場まで行くと彼はしゃんとして、見事に講演もこなしていました。そして終わったとたんに、また喘息の発作を起こすのでした。このセミナーはずっと続くのかと思ったのですが、五回目を開催した後に、精霊から「これでもう終わりです」と言われました。夫の病状を考えても、それ以上、続けるのは無理だったと思います。

病気の進行

それからも夫の病気はますますひどくなり、発作を起こしていない時も、ゼイゼイと呼吸が苦しい状態になっていました。そして一度発作を起こすと、三十六時間、発作が続きました。しかもどんどんやせていき、いつ、死んでもおかしくない状態に見えました。

夫の家族も私の家族も、そんな私たちをとても心配し、母が一度、お医者様を我が家に連れてきたことがありました。お医者様はポータブルのレントゲン器械で夫の胸のレントゲンを写し、喀痰《かくたん》検査をしてくれました。

そして「肺がんの疑いがあるから、大きな病院に行きなさい」と言いました。それに対して、私はすぐに思いました。「もし、本当に肺がんであれば、私は自分で彼を看取《みと》ろう。お医者様には連れていかない」。

その通りに告げると、お医者様はあきれかえって「あなたたちのことはもう知らない」と怒られてしまいました。それ以後、私たちはしばらく医療とはすっかり縁を切って、二人で闘病生活を続けました。

読者の皆さんからの手紙、そして来訪

『アウト・オン・ア・リム』が発売になってからは、毎日三、四通ずつ、読者から手紙が届いていました。それも便せんに三枚も四枚もびっしりと書かれた手紙がほとんどでした。その一通一通をよく読み、返事を書くのが私の仕事でした。もし、一日に一〇通も二〇通も届いていたら、すべての手紙に返事を書くことなど、不可能だったでしょう。でも不思議に、毎日三、四通しか手紙が届きませんでした。これはまさに、「すべてに返事を書きなさい」ということに違いありません。

そして私の返事も便せんに数枚が普通でした。この返事は私が書いているのではなく、精霊が私に書かせていました。そこには私もまだ知らなかった真理や知恵がいっぱい含まれていました。返事を書くことによって、私は読者の方たちと一緒に精霊の教えを受けて

いたのです。特に私が体験していない問題を持ち、人生を過ごしている方たちに対する手紙には、私一人ではとても学べない知恵がいっぱい詰まっていました。読者との手紙のやりとりから、私はどれだけ学んだことでしょうか。

しばらくすると、今度は「山川さんに会いたい」という人が出てきました。私には時間があったので、「我が家にどうぞ」と来ていただくようになりました。程なく、ほとんど毎日、誰かがやってくるようになりました。そして、お話を聞き私も話し、最後にはリーディングをしてさし上げました。リーディングとは、私の場合はチャネリングでその人の前世と今生の使命を知らせるという意味ですが、ノートに二ページくらいの簡単な文章を精霊から受け取っていました。

大体はその人の**前世を二つか三つ教えてもらい、最後に今生の使命が知らされる**のでした。その形は誰の場合も同じでした。多くの場合、今生にも色濃く残っているその人の特徴や資質を持っていた前世が出てきました。たとえ、私がその人が何をしているか知らなくても、ちゃんとその人の仕事に関係のある過去生が出てきたりして、お互いにびっくりすることもありました。

喘息持ちの人生②

僕たちの最初に翻訳した『アウト・オン・ア・リム』は新聞にも取り上げられ、かなりのベストセラーになっていたので、読者からの手紙が次々と舞い込んできた。精霊のメッセージはかなり信じられるもののような気がしていた。

僕たちは精霊の言いつけを守り、どんなにつらくても医者にも行かず、薬も飲まず、発作が起きると三十六時間、ほとんど呼吸ができなかったが、なんとか、持ちこたえて、日々の生活は過ぎていった。見えない世界の存在は僕たちにとって、本物であり、僕たちは精霊の存在をしっかりと信じ、精霊からのメッセージで、新しく広がった世界のことをどんどん学んでいった。

人は霊である、死後の世界は存在する、人は輪廻転生している、愛とは何か、などを学び、いつの間にか、信心深い人間に変わっていった。そして、見えない世界が実在し、見えている世界のほうが幻想かもしれないと思うようになってきた。他人からの伝聞知識ではなく、自分たちが実際にメッセージを受け取り、体験もし、感動して泣かされたりもして、一つひとつ学んでいったのだった。

病気を通して、どんな食事をしたら良いのかもわかってきた。発作が起こると食事もできなくなり、運動もできないから、筋肉は落ち、六〇キロあった体重は四三キロに減った。まるで、アウシュビッツで発見された人間のようにやせ細っていた。

亜希子がリーディングをすることのうわさが口コミで広がると、多くの人々が次から次へと自分の前世を知りたいと、我が家を訪ねてくるようになった。不思議なことに来客の間、僕はとても健康そうに振る舞っていた。顔などは少しもやつれて見えなかったが、身体はガリガリにやせていたのだ。でも服を着ている限り、それは外部からはわからなかった。会がお開きになり、客が帰ってから、僕の喘息発作が起こるのだった。

リーディングから学んだこと

当時は、前世を教えてくれるチャネラーは、他にほとんどいませんでした。だからなんとなく、私はそれが自分のすべきことのように感じていたのです。我が家に来てくださる人全員にサービスしていました。

十年くらいたった頃から、「山川さんにしていただいたリーディングが出てきたのですが、読んで見たらその通りになっていました」とか、「ずっと大切にバッグの中に入れているんですよ」などという方に出会って、ちょっと恥ずかしかったり、驚いたりもしました。私自身、実はそれほど自分のリーディングを信じていたわけでなくて、「こんなものが出てきました。信じても信じなくても結構です」と言ってお渡ししていました。

　すると、山川さんのところに行くと前世を教えてくれる、という情報をどこかで仕入れて、我が家に来てくださる方も増えてきました。その中には、何回も自分の前世を調べていて、「自分は昔、○○の女王だった」と思っている人もいて、よりによってその人に、あまりパッとしない前世の結果が出てしまったことがありました。その方の怒ったこと！　あなたなど、信用できません!!と言われましたが、信用されたいとも思っていないので、私は平気でした。

　ただ、私がずっと前世のリーディングをしていて気づいたのは、女王だとか、歴史上、名前の残っている人だったという前世を持っていることは、今生においてあまりプラスにならないことが多い、ということでした。

　そして、さらにわかったのは、あなたが今していることは、前世でも同じことをしていた、ということでした。

ある時、キャビンアテンダントをしている女性がやってきました。彼女のリーディングをすると、イタリアの画家だった前世が出てきました。あれ、どうしてかしら？と思ってそれを読み上げると、一緒に来た友達が皆、「やっぱり」と言うのです。どうして？と聞くと、彼女はもうすぐ今の仕事を辞めて、イラストレーターとして出発することになっていたのでした。

手紙だけでなく、こうして私に会いに来てくださる皆さんからも、私はどれほど多くのことを学んだでしょうか？　時には、話をしているうちに、個人セッションのようになることもありました。急に詰問口調で質問しはじめ、お説教をしたり、瞑想の指導をしたりしたのです。手紙と同じように、直接会っている時も、**精霊は私の口を借りてその方に教えているのでした**。そしてそのすべてが、私たちをもっと育てるためのプロセスだったのだと思います。

手紙をくださった方々、来てくださった皆さんに今でも感謝の思いでいっぱいです。

今生の使命とは

そして今生の使命について。今では人生に何ひとつ目的などない、使命などもない、という人も多くなっています。私たちは最初の最初から、人々（それには自分自身も含む）の意識を変えて、人類の生き方の方向を変えるお手伝いをするのが、自分たちの使命だ、人生の目的だ、と思ってこの仕事を続けてきました。そしてその生き方は、時には大変でしたが、とても楽しくてやりがいがありました。だから、今でもやはりそれで良かった、と思っています。

さて、精霊は我が家に来てくださった皆さんに、今生の使命について、どのようなことを伝えていたのでしょうか？

まず、すべての人に対して、**「あなたは一人学校です」**と伝えていました。その意味は、二つです。真理を学ぶのは、あなた自身であるということ。本を読もうと人の話を聞こうと、インプットされた情報を学んで自分のものにするのは、あなた自身でしかできないからです。

もう一つは、自分が学んだことを人に伝えることによって、あなたは一人学校になる。それがあなた方の最も大きな使命なのですよ、と精霊は毎回、繰り返していました。その後で、一人ひとりが持って生まれてきた才能や力を、どのように使っていくかを教えていました。

それから今思い出したのですが、精霊はずっと**「究極の一匹オオカミであれ」**と、私たちに伝え続けていました。グループや団体を作ってはいけない。自由に二人だけで動きなさい、という教えでした。だから未だに私たちはどのグループにも属していません。究極の一匹オオカミ、格好いいですものね。

喘息持ちの人生③

喘息とは肺に通じている気管支が収縮けいれんを起こし、そこからネバネバの液体が湧き出し、気管支が詰まって息ができなくなる病気だった。気管支に常に炎症があり、気管支がただれ、非常に敏感になっている。発作が起こる度に、どっと分泌物が発生して、呼吸ができなくなる。もう瞑想状態になるより仕方がなかった。

発作が終わる頃には大きなくしゃみが出る。それが合図だった。今度は気管に詰まった痰を自分の力で洗面器にはき出すのだ。その量はすさまじいといってよいほど大量だった。洗面器いっぱいにたまったネバネバネバの無色透明な痰《たん》を指でつまみ上げると持ち上がるほどだった。自分の気管支が排出する痰の量に、自分でもびっくりした。汚い行動のようだが、痰は透明で、僕にとってはあまり汚いという感じがしなかった。こんな生活が三年間も続いたのだ。

そして、喘息が僕の人生を変えた。それは、初めからそうなるように人生のシナリオに書かれていたストーリーだったような気がする。僕の四十代はそんなこんなで、喘息を友としながら、僕自身の人生も変えられていった。

この宇宙の真実、人生について何も知らなかったのが、病気と精霊たちの助けによって、時間をかけて洗脳が解かれ、本来の自分に戻っていったということなのだろう。神も仏も信じない人間、自分の力ですべてをこなしてきたと思い込んでいた浅薄な人間が、それなりに成長していったのだった。

それにしてもそれが四十代だったとは、普通の人より遅かったような気がする、しかし、そのように計画して生まれてきていたのだろう。

引っ越し

そうこうしているうちに、夫の病気はますますひどくなっていきました。時々小康状態はあるものの、役所に行けない日が増え始め、発作の回数も多くなりました。七月の人事異動では、それまでの忙しかった関税局の課長から、ずっと楽な職場に異動させてもらいました。いつかはこの仕事を辞めざるを得ない、ということは二人ともわかっていました。でも精霊はまだ辞めるのは早い、と言うのです。

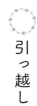

「あなたはただ、大蔵省にいるだけで良いのです。何も人に言わなくてもいいから、役所に行ける時に行きなさい」

ちょうど、世の中ではバブルが始まっていました。私たちは当時、赤坂の小さなマンションに住んでいたのですが、その古いマンションもバブルになってからどんどん値段が上がり始めました。すると、それまで仲の良かった住民が、急にお互いに住み方を牽制《けんせい》するようになったのです。

それまでは動物を飼っても良かったのに、動物を飼う人がいると資産価値が下がるからという理由で、今いる犬や猫が死んだら、もう飼ってはいけないと決められました。私たちは犬を二匹飼っていたので、そう決まっただけで非常に肩身の狭い思いをしました。

次には、エレベーターに犬を載せてはいけない、と決められました。我が家は九階だったので、お散歩の度に二匹の犬を連れて外階段を上り下りすることになりました。そして、人々の冷たい視線に耐えられずに、「もう引っ越そう」と一夜のうちに決めてしまったのでした。さあ、どこに引っ越せば良いのでしょう？


私たちには精霊がついています。早速どこに行けば良いのか、聞いてみました。すると東急田園都市線の沿線にしなさいというのです。私は生まれも育ちも東京の真ん中で、JR山手線の外側でさえもすごい田舎だ、と感じるような江戸っ子でした。だからそれを聞いてびっくりしたのですが、仕方ありません。すぐにその方向で家を探し始めました。でも、都心の不動産屋さんに頼んでいたのでは、まったく見つかりませんでした。

そんな時、参加したセミナーで、「大いなる自己からプレゼントをもらいなさい」というゲームがありました。瞑想をして大いなる自己に出会い、プレゼントを受け取るのです。その時、夫は真っ白いひげを生やしたおじいさんに出会い、彼から12、と大きく書いた巻物をもらいました。そして、「多分、家が十二月中に決まるのだと思う」と自分で解説していました。その日は十二月一日でした。

すると翌日、夫は突然ひらめいて役所を抜け出し、田園都市線に乗って長津田《ながつだ》駅まで行きました。そして、駅前の不動産屋に行き、その日のうちに家を決めてきてしまったのでした。それが今も住んでいる町田市の家です。私は長津田と聞いてあまりにも遠すぎると思いました。でも、精霊は「私たちが探した家は気に入りましたか?」と言うのです。その一言で、私はもう何も文句を言えませんでした。

役所を辞める

町田市に引っ越した理由のひとつに、郊外に行けば夫の喘息も良くなるかもしれない、という思いがありました。しかし、実際は反対に、町田市に越してから病状は悪化してしまいました。その上、役所までは電車を乗りついで一時間半くらいかかります。だから引っ越してからは、ほとんど出勤できませんでした。

引っ越して一カ月半ほどたった時、今日は調子が良いからと言って、夫は役所に出勤することにしました。私も虎ノ門に用事があったので二人で出かけました。電車の中でも、呼吸が苦しい夫をハラハラして見ていたのですが、なんとか虎ノ門駅に到着しました。

ところが、駅の階段を上り始めると、二、三段上ったところで、夫が動けなくなりました。それを見たとたんに、私は「もう役所を辞める時が来た」とわかりました。そして夫もまた同じように感じて、**悲しいわけではないのに自然と涙がにじみ出てきたのでした。**

彼はすぐに辞表を出して一カ月後に退職しました。

喘息持ちの人生④

当時は、まだ自分では喘息の恐ろしさに気づいていなかった。喘息が死を招くということもあったのに、自分で自分の病気をコントロールする術《すべ》の心得もなかったのだ。大蔵省としても病気持ちの人間を課長という重要なポストにつけておくことはできず、次の人事配置転換の機会に、閑職に替えてくれた。

それでも喘息発作のために休むこと、早期退庁ということを繰り返すようになった。有給休暇もすべて使ってしまうような状態だった。ついに、赤坂の自分の家から霞が関にある大蔵省まで通えなくなってしまうほど、病気は悪化してしまった。

大蔵省に迷惑をかけるようになってしまったからには、退職するしかなかった。二十年以上も勤務した大蔵省を辞めなければならなくなった時、自分の中の未練がまるで形をもったエネルギーの塊みたいに見えるような気がした。それはネバネバした執着心だった。

僕たち夫婦には子供がいないから、当面は経済的にはなんとか食べていけることもわかっていたので、きっぱりと公務員を辞めることにした。「これから八十歳まで、どのように生活していくのですか?」と人事課の先輩は心配してくれたが、「夫婦そろって英語もできますからなんとか食べていけます。大丈夫です」と説明した。

公務員を辞めれば、なんとか神さまも許してくれて、病気も治まるのではないかと心のどこかで思っていた。エリート公務員として、軽い気持ちで約二十年間、ふわふわとやってきたことに対しての罪悪感があったのだろう。喘息という病気もそのバチがあたったのかもしれないと、心のどこかで思っていたのだ。

ところが、大蔵省を辞めれば、神さまも許してくれて、病気も治まるだろうと期待していたのに、退職してからも、病状は益々ひどくなるばかりだった。

退職後の風景

退職した後は、何も気にせずに病気療養ができるようになりました。でもこれからどのように生きていけば良いのでしょうか？　やはり翻訳を仕事にするしかないのでしょう。でも、毎年、何冊か本を訳してお金を稼いでいかなければならないと思った時、私は暗澹《あんたん》とした気分になってしまいました。たくさんの本の間に細い道だけが見える心細い風景のビジョンまで、見えてしまったほどでした。

『アウト・オン・ア・リム』は、読む人の心をとらえたとはいえ、売れ行きそのものはたいしたことはありませんでした。それに印税は定価の四パーセントだけ。本はたくさん売れればそれなりにお金になりますが、よほど売れないとそれだけで生活するのは大変です。会社や役所に勤めて毎月お給料をいただくのがどれほど有り難いことか、やっとわかったのでした。でも後戻りはもうできませんでした。

有り難いことに、翻訳の仕事は続いていました。シャーリーが次々に本を出版したからです。しかも、病気で仕事ができない夫にかわって、私がすべて受け持つことになってしまいました。それまでは「私はお手伝いよね。主役は夫、私は下働き」なんて気楽に構えていたのに、急に「あんたが主役よ」と言われたような気分でした。ともかくやるより仕方ありません。

シャーリーの次の本『ダンシング・イン・ザ・ライト』、そして次の本『オール・イン・ザ・プレイング』と、毎年、私は一人で翻訳と校正、出版社とのやりとりなどを受け持ちました。

シャーリーのファンになり、新作を心待ちにしてくださる読者は増えていきましたが、まだブレークするには至っていませんでした。

シャーリーの本がベストセラーに

そんな時、アメリカのABCテレビで、『アウト・オン・ア・リム』のドラマミニシリーズが放映されました。主演はもちろん、シャーリー・マクレーンです。このドラマが放映された時、アメリカ中のエネルギーが大きく変わったのがわかった、とシャーリーがのちに書いています。

『アウト・オン・ア・リム』はベストセラーになっても、せいぜい五〇〇万人が読むくらいです。ところがテレビドラマは偶然観てしまう人も多くて、視聴率が一〇パーセントあれば二〇〇〇万人くらいの人が観ることになります。その広がりが本とテレビではまったく違うのです。シャーリーもこのドラマの放映についてはかなりハラハラしていたようです。当時はまだ異端視されていたスピリチュアルな体験を赤裸々にドラマにすることによって、多くの人がどのように反応するか、わからなかったからでした。でも、このドラマはいろいろな意味でアメリカで大成功だったようです。

このドラマ、観たいなあ、と思っていたのですが、なんと、日本ではソニーがそのビデオを販売することになりました。それも、一人の女性社員が大奮闘してくださった結果でした。当時のソニーはまさに世界のソニーでした。このビデオを大々的に宣伝してくれました。どの雑誌を見ても表紙の裏には『アウト・オン・ア・リム』のビデオの宣伝が載っていました。しかも、その宣伝の中で、原作は地湧社から出ていると紹介してあったのです。

すると、あっという間に、『アウト・オン・ア・リム』とその他のシャーリーの本がベストセラーになってしまいました。大きな書店や出版取次店での週間ベストセラーで、シャーリーの本が三冊もベストテンに入るということが何週間も続きました。そして私たちは、あっという間にベストセラーの翻訳者、になってしまったのでした。

シャーリーの本については、最初から何か異次元の力が働いているのを感じていましたが、今回もまた、神風が吹いたのです。シャーリーの本をもっともっと多くの人に読んでもらうために、精霊が仕組んだこととしか思えませんでした。

人生の転機

誰の人生にも転機はあると思う。

その転機をうまく乗り切れば新しい人生が始まる。そして、それは生まれる前に決めてきたシナリオ通りだと僕は思っている。

いわゆる運命はどこかに書かれていて、我々は運命から外れることはないと知っているからだ。アカシックレコードに書かれているのか、それともインドにあるというアガスティアの葉の上に書かれているのだろうか。そして、それは誰が書いたものなのだろう？

自分の人生を振り返ってみた時、自分の人生の転機はいつ、そして何歳の時だったろうかと考える。人生のシナリオは事細かくしっかりと書かれているようなので、一つの物事が起こると、それに連なって次の物事が正確に起こってくる。だから、あれが僕の人生の転機だった、ということはいくつかあるが、そもそも生まれた日、土地、両親、兄弟の中の何番目ということもすべて決められて、この世に来ているのかもしれない。すべては事細かに決められていたことが起こったのだとしても、小さな流れがやがて大きな流れになるように、やがて大きな転機がやってくる。

だから目に見える人生の大きな曲がり角を僕の人生の転機と考えてみたい。その中で一番大きかったのは、喘息になって大蔵省を辞めた時だったと思う。それは僕が四十五歳、一九八七年の七月のことだった。大蔵省に入省したのが一九六五年の四月だから、大蔵省にいたのは二十二年間だった。

＊

振り返れば、この二十二年間はかなり無自覚な人生だった。大蔵省の一九六五年組、つまり、昭和四十年組は男性が一八人、女性が二人だった。ただ、当時は今よりも男性優位の社会だったので、僕たちの同期は女性を同等の仲間とはみなさなかった。男性ばかりが仲間意識を育てていた。非常にアンフェアで、良くない意識の仲間だった。

女性は二人いたが、気の毒なことに、五年もしないうちに他のどこかへ転職していかなければならなかった。僕たちの一年下にも女性がいたが、彼女は同期のみんなにかわいがられ、同期の一人と結婚して、末は有名な政治家になった。

当時、大蔵省に入るのはエリート中のエリートと言われていた。確かに公務員試験の成績、大学での成績が採用時に重視されていた。一八人中東京大学卒が一六人、京都大学卒が二人だった。僕がそんな仲間に入ったのは、東大在学中の後半一年間、司法試験に合格するほど勉強に明け暮れ、そのために学業成績も、公務員試験の成績も良かったからだ。

学校の成績と試験だけには強いというのが僕の現象で、人間的な実力という意味ではむしろ貧弱な人間だったと思う。

＊

小学生の時から学校の成績だけは良かったものの、他にあまり取り柄も面白みも意気込みもない優等生だった。ないないづくしだ。学校の成績だけが唯一自分の頼りだった。

だから、大学なら東大、学部なら法学部、就職なら公務員、それも大蔵省がいいなど と、なんともつまらなそうな典型的な秀才人間の道をたどったのだった。特にスポーツが得意でもなく、音楽もできない、味気のない若者だった。人生が何なのか、どう生きたら良いのかも全くわからず、ただただ、エリートコースに乗って、楽な人生を目指していた。それも無自覚でだった。

民間企業より、公務員のほうが公のための仕事ができるのではないかと唯一、漠然と勘違いしていただけのことだった。入省する時、面接委員の先輩から、「君には何か才能がありそうに見える。しかし、それは公務員としての才能ではないようだ」という意見を言われた。今から思えばそれは当たっていたと思う。でも公務員にもいろいろな人間がいて良いのだろう。

三年間の修行

夫の三年間にわたる闘病生活は、私たちの修行そのものでした。自分たちで望んだわけでもなく、目指したわけでもないのに、意識変革を目指す宇宙的な計画に巻き込まれた私たちは、スピリチュアルな教えについては、気づきのセミナーで学んだだけでした。そこで自分について学ぶ姿勢を多少は身につけたとはいえ、きちんと自分と対峙《たいじ》したこともなく、本気で瞑想や修行に取り組んだこともありませんでした。

精霊に呼びかけられた後でも、そのようなことに真面目に取り組む必要があるとは、思ってもいませんでした。でも今思うと、夫の三年間の闘病生活こそが、私たちの修行そのものだったのです。

都心から空気が少しはましな町田に来ても、役所を辞めてしまっても、喘息は良くなるどころか、逆にもっとひどくなってしまいました。どうすることもできずに、ひたすら二人で耐えているしかありませんでした。そんな私たちを見た姉に「まるで聖書のヨブみたいね」と言われました。

特に最初の二年間は、助けてくれる友達も現れず、夫はただひたすら苦しみ、私は苦しむ彼を一人で支えるしかありませんでした。それは常に死と向き合う毎日でもありました。呼吸が本当にできなくなれば、死んでしまうからです。

私は精神的にも落ち込みました。そんな中、「どうすれば良いのだろうか?」と、ひどく絶望的な気分に落ち込んだ時、ふと思ったのです。「この気分はずっと前にも体験している。そしてその時は私はなすすべもなく、夫が死んでいくのを見ているだけだった」。そして、過去生でも同じことを体験していた、と感じました。

「でも、今生は絶対にそうはさせない。私は彼を元気にするのだ」

この時が私の転機だったように思います。不思議な力が湧いてきて、絶対に夫を救い出すと決心したのでした。

それからもつらい毎日でしたが、やがていろいろな人との出会いが始まりました。「あなたと健康社」との出合い。福岡で健康道場を開いている吉丸房江さんとの出会い。マッサージをしてくれる友達の出現など。特に、「あなたと健康社」に初めて電話をした時、私は電話口で思わず泣いてしまいました。そんな私をじっと待って、私の話をずっと聞いてくださった女性に、今でも感謝の思いでいっぱいです。

その時やっと、私は**自分のつらさを口に出すことができた**のでした。そして話しているうちに自分がどれだけ我慢してきたか、どれだけつらい思いをしてきたかに気づいて、初めて泣けた時に、自分と、そして夫の病気ともう一度向き合う力が湧いてきたのかもしれません。

いつもは満席だという夏のお料理教室が、その時だけ一人分空いていて、私は参加することができました。玄米菜食について、食の大切さについて、意識が根本から変わってしまうような素晴らしい教室でした。

その年の暮れ、私たちに会いに来た読者の一人が、「穂高養生園」の情報を持ってきてくれました。山の中でマクロビオティックの食事と山歩きなどをして健康回復に努めることができる場所、とのことでした。その数日後、私は仕事で六本木に行きました。ぼんやりと歩いている時に、ワシントンD.C.時代の知人に出会いました。「元気ですか？」と言う彼の質問に、思わず夫の病気について話してしまいました。すると、「山川さんたちは二人とも英語ができるのだから、スイスの療養所に行けば良いのに」と言ってくださったのです。

はっとしました。「スイスまで行かなくても、日本にもそのようなところがあるようです！」。彼の言葉はまさに、「穂高養生園」に行きなさい、というお告げだと思いました。

家に帰るとすぐ、私は夫に言いました。

「もし、穂高養生園に行きたかったら、自分で電話してみて」

そしてその年が明けてすぐ、彼は「穂高養生園」に行くことにしました。一月五日、お正月休みが明けてすぐのことでした。特急あずさで、私たちは穂高に向かいました。なんとか養生園に到着して夫が落ち着くのを見届けてから、私はすぐに東京に戻りました。一人になったとたん、ぐったりと疲れている自分に気づきました。もうこれ以上、一人で彼の看病をするのは限界だったことに、やっと気がついたのでした。

夫は「穂高養生園」でかなり元気を回復することができました。何よりも有り難かったのは、そこで寺山心一翁《てらやましんいちろう》先生と出会ったことでした。その頃寺山先生は腎臓がんで療養中でした。病院で余命一カ月と宣告されたのですが、自宅に戻って西洋医学ではなく、玄米菜食などで健康回復を図っているところでした。夫は「穂高養生園」に一カ月お世話になってから帰宅しました。すると寺山先生がすぐに駆け付けてくださって、ショウガシップや里芋シップのやり方を私に教えてくださいました。

本当に有り難かったです。やっと夫にやってあげられることができたからでした。それからは毎日、ショウガシップを続けました。そして同じ頃、近くに住む荒木さんが、毎週、マッサージに来てくださるようになりました。彼女は私の相談相手にもなってくれました。夫も彼女のマッサージを喜んで受けていました。人の繋がりとは、なんて嬉しいことでしょう！

こうして、三年目の闘病生活はそれまでよりも精神的にとても楽になりました。でも、それだからといって、病状が良くなるというわけではありませんでした。

ありがとう事件

その年（一九八八年）の十一月、小康状態にあった夫は三泊四日のワークショップに一人で参加しました。帰宅した夫に「どうだった？」と質問すると、「つまらなかった。幼稚園みたいだった」と言いました。あれあれ、役に立たなかったのね、とちょっとがっかり。

でも、その日の夜中、異変が起きました。夫の部屋から「お父さん、ありがとう。お母さん、ありがとう」という叫び声が聞こえてきたのです。その後も彼は「ありがとう、ありがとう」と叫び続けました。夫の声に目を覚ました私は、それを途中まで聞いて、すっかり安心してぐっすり眠ってしまいました。

翌朝、「何が起こったの？」と質問すると、詳しく話してくれました。

ワークショップでは、みんなで輪になって手を繋ぎ、大きな声で「おーとーうーさーんー、あーりーがーとーうー、おーかーあーさーんー、あーりーがーとーうー」と繰り返す時間があって、夫はこんなくだらないこと、やってられない、と思ったそうです。

しかし、その夜、その時にかかっていた音楽を流しながら寝ていると、突然、父母の顔が出てきて、思わず二人に向かって「ありがとう！」と叫び始めたのでした。すると、次々に兄弟姉妹、友達、学校の先生など、今までお世話になった人たちの顔が現れてきて、一人ひとりに「ありがとう！」と叫び続けました。

さらには日本の地図が出てきて、東京の皆さん、大阪の皆さん、九州の皆さん、それぞれに「ありがとう」と言いました。すると、今度は世界地図になって、アメリカの皆さん、イギリスの皆さん、地球の皆さん、「ありがとう！」と叫びました。

それが終わったとたん、彼の身体がどんどん大きくなっていって、地球が自分の足先くらいの大きさになってしまったそうです。一種の幽体離脱、神秘体験ですよね。それと共に、彼の意識も大きく変わってしまったのでした。

結婚して以来、私は彼が「ありがとう」と言うのを聞いたことがありませんでした。「どうもどうも」までは言うのですが、その後が続かない。それは一体なぜかしら？と思っていました。だから、夫が「ありがとう」と叫んでいるのを夢うつつで聞いた時、ああ、**このために彼は病気をしたのだ**と思いました。そしてこの病気はもう終わるだろうと確信したのでした。

その日、少し調子が良くなった彼と、家の近くに散歩に出かけました。空を見上げると、雲が七色に輝いているではありませんか。初めて見る彩雲《さいうん》でした。それが、良い前兆であるなどとはまったく知りませんでしたが、それを見たとたん、「もうこの病気も終わりだ。これは祝福の印なのだ」と思いました。とてもすがすがしく、嬉しい一瞬でした。

ついにお医者様に

もうこれで自然と回復するかと思ったのに、相変わらず喘息の発作は続き、日々の息苦しさも同じでした。その年も終わって、一九八九年のお正月、もうお医者様に行くべきなのだ、と思い至りました。実は、町田にはとても良い喘息のお医者様がいて、そこに行くようにと複数の方からすすめられていたのです。電話帳で調べるとすぐにそのお医者様がわかりました。

電話をすると、いつでも来てください、とのこと。夫はいつものように息も絶え絶えという感じで、行く時はタクシーでなんとかたどり着く有り様でした。

その中山医院は、患者さんでいっぱいでした。かなり待たされてやっと中山先生にお目にかかると、「ああ山川さんですね。いつか来ると思っていました」とおっしゃいました。そして、先生の机の横の壁には、朝日新聞に出た私たちの写真が貼ってありました！

この時、時間は**平成元年一月十一日十一時十一分十一秒**でした。十一分十一秒というのはよくわかりませんが、十一時までは本当です。そして、ネオフィリンの注射をしていただくと、夫の息苦しさはあっという間におさまってしまいました。そして、なんと、バスでのんびりと帰宅できたのでした。

再出発

やっと三年間の薬を飲まず、医者にも行かないという状態から解放されてから、私たちはよく外出するようになりました。町田市に引っ越してから二年もたっていたのに、ほとんど出かけることもなかったので、町のことは何も知りませんでした。だからともかく歩け歩けで、ほぼ毎日、二人で歩き回っていました。

それと同時に、お客様を家に迎えるのがつらくなって、お断りすることにしました。するとそう決心しただけで、「山川さんに会いたい」という人がほとんどいなくなったのです。そのため、お断りする必要もありませんでした。

すると、あちこちから講演を頼まれるようになりました。まだ精神世界の話をする人が少なかった時代だったのでしょう。急に引っ張りだこになった感じでした。しかし、夫の喘息は完治してはいませんでした。それに私も疲れから体力を極端に失っていました。

喘息はお医者様に行けば薬で簡単に治るかと思ったのですが、薬は単に発作を止めるだけでした。喘息からほぼ完全に抜け出すためには、さらに十年近くかかりました。お医者様に通い、薬を使い、最後は金沢の清水巍《たかし》先生が主催する喘息大学で、「主治医は自分です。薬の使い方、乾布摩擦の仕方などをマスターして、自分で治しましょう」と徹底的にたたき込まれた時、やっと喘息からほとんど解放されたのでした。

喘息の三年間は、とてつもなく貴重な時間でした。夫は瞑想をずっと続けていたようなものでした。呼吸がうまくできずに、じっと静かにして呼吸に必死で意識を向けているよりほかなかったのでした。それは**強制的な瞑想**といってよいのでしょう。それによって、物事に対する執着が自然と落ち、心が静かになっていったのかもしれません。

看病する私にしても、それは自分自身を見つめ続ける三年間でした。私たちに会いに来てくださる読者の方たち以外の人に会うことは、ほとんどありませんでした。私もまた、引きこもっていたのです。急にすべてを自分が引き受けることになって、それに大忙しな毎日でもありました。それよりも、自分が何を悟れば夫は元気になるだろうかと、ずっと自分自身を見つめ続けていました。夫が病気でいるのは、私のためでもあると思ったのです。まさに二人の共同作業でした。

また、いろいろな意味で覚悟ができていく時間でした。翻訳者として生きていく覚悟。自分自身をもっとクリアに、もっと霊的に成長させようという覚悟。人々の意識を変えるという**宇宙の計画にとことん付き合う覚悟**など。そして当面の覚悟とは、たとえ夫に万が一のことがあっても、私が責任を自分一人で引き受ける覚悟でした。

また、病気を治したい一心で当時の代替医療にかなり詳しくなっていました。そして、病気の人に対する優しさや忍耐の気持ちも持てるようになったと思います。

完全治癒までは十年近くかかったとしても、中山先生に診ていただくようになってからは、講演会をしたり、海外旅行に行ったりすることもできるようになりました。そして、気がつけば、シャーリーの本だけでなく、『前世療法』や『アルケミスト』『聖なる予言』など、たくさんの本を二人で訳すようになっていたのでした。

今度は私の番

夫が薬で喘息をおさえて、毎日ちゃんと呼吸をして過ごせるようになったとたん、私の心に変調が起きました。それまでの三年間、私の生活は、ほとんどの時間が夫のために費やされていました。仕事で外出しても、一分でも一秒でも家に早く帰れるようにと、どのルートで帰ろうかといつも気にしていました。生活そのものが夫の看病だったのです。

無駄な努力もいっぱいしたと思いますが、ともかく、夫が少しでも楽になるように、少しでも良くなるように、必死だったのです。それが突然、すべて必要なくなりました。彼は元気とはいえなくても、普通に生活できるようになったのです。それは喜ばしいことでしたが、私は生活の中心を失ったように感じ、自分がもう必要ではないのだという、無価値感に打ちのめされました。友達からはそれは「空《から》の巣《す》症候群よ。子供が成人すると、お母さんはみんなそうなるのよ」と言われました。多分、そうだったのでしょう。

有り難いことに、一カ月すると、その状態にも慣れ、元気な彼を有り難く思えるようになりました。ところがその頃、今度は私の身体に変調が起きました。掃除をすると、一部屋掃除しただけで動けなくなりました。バスに追いつこうと一〇メートル走ると、胸がばくばくして歩けなくなりました。ともかく体力がまったくなくなってしまったのです。

そして、**「私はなんて怠《なま》け者になったのだろうか？」**と私は自分を責めました。自分の身体が弱り切っているとは、思いもしませんでした。子供の頃からずっと健康だったので、自分が病気になるなんて、考えられなかったのです。

そのうち、両方の腕がウエストの高さまでしか上がらなくなりました。友達が「それは五十肩よ。ほうっておけば治るわ」と言うので、そのままにしておきましたが、半年たってもひどくなるばかりでした。腕や手の力がほとんどなくなって、物を持つことも、ビンのふたを開けることもできなくなりました。やっと、なんとかしないと、と思って、以前からお世話になっている整体の先生の治療を受けました。

先生は私が行く度に、「何かストレスがありましたか？」と聞くのです。もちろんです！　夫の三年間の病気は私にとってストレスそのものでしたから。そして、腕が上がらないのもストレスからだそうです。

私にははっきり言ってくださらなかったのですが、姉や母には、「山川さんの状態は心配です。かなりの重症ですよ」と注意していたのです。二人からその話を聞いて、私はびっくりしました。それほどとは思っていなかったのです。腕だけが問題だと思っていたのでした。

多分、大学病院で検査してもらっても、何が悪いのかわからなかったかもしれません。夫は未だに、君が病気だったなんて、僕はちっとも知らなかったと言います。私はそんな状態でも家事をなんとかこなし、翻訳を行い、時には海外旅行に行き、講演会も行っていたからでした。それに、彼もまだ体調が良くなくて、人のことなどかまっていられなかったのでしょう。

結局、二年半以上、一週間に二回、片道二時間半もかけて整体の治療を受けに行き、やっと腕が上がるようになりました。それと同時に、体力もなんとか戻ってきたのでした。

2

精神世界の翻訳者として

一九九〇年以降

そんなこんなの病気から、やっと二人で抜け出した頃、一九九〇年を過ぎていました。その頃には嬉しいことに、人は目に見える身体だけの存在ではなくて魂なのだ、ということを知る人が、どんどん増え始めました。ヴォイスやワンネットワークなどのセミナー会社ができて、アメリカからチャネラー、ヒーラー、スピリチュアルティーチャーなどを招いて、セミナーや個人セッションを盛んに行うようになりました。そして、チャネリングを仕事にする人たちも現れ始めました。

私たちにとって**最も大切なことは自分自身を知ること**でした。自分の感覚、自分の思いグセ、自分の思い込みに気づき、そこから自由になることによって、私たちは本来の自分に近づくことができるのです。本来の自分自身に気づく道はたくさんあり、私たちが進んできた「自分を見つめる」という方法はそのひとつに過ぎません。

ある人は臨死体験をして向こう側の世界を垣間見ただけで、宇宙の真理にたどり着きます。または瞑想をしてそこにたどり着く人もいるのでしょう。親しい人の死、破産、失業、病気などの苦しい体験を通して、それまでとは違う世界を発見する人もいます。あるいはふとした一瞬に、向こう側の世界や無の世界を垣間見る人もいるようです。どのようなやり方でも良いのです。そして、人は皆、それぞれ自分でどの道を行くか、選んでいるのだと思います。

私は自分自身を知る、見つめるという方法が自分にとって最も安全で確実であると感じています。多分、それはある程度、自分で行える道だからかもしれません。そしてそれはそのまま、私がやってきた道でした。夫の場合は、病気になることがその道でした。彼はなぜか、自分を客観的に見ることが苦手で、私と同じ道をたどるのは不可能だったのです。

そして、三年間の闘病生活によって、二人ともスピリチュアルな本を日本に紹介するという役目を果たすために必要な、最小限の意識の変容を遂げることができました。でもそれは本当に最小限でしかなく、それ以後もいろいろな試練を体験しながら、もっと楽で、もっと平和で、もっと愛そのものになる道を歩まなければなりませんでした。それは多分今も続いているのでしょう。

次々に講演会の依頼がやってきました

二人で少しずつ動けるようになると、講演会の依頼が舞い込むようになりました。最初は、夫だけに講演会の依頼があちこちからありました。

まだ体調の優れなかった夫は（そういえば私だって優れなかったのですが）、いつ喘息の発作が起こるかわかりませんでした。講演会を約束したその日に、元気かどうかわからなかったのです。そこで、「もし、彼が体調不良で伺えない時は、私が代理に伺っても良いでしょうか？」と一応、主催者にお断りしていました。でも彼はどんなに体調が悪くても、講演会を絶対に休もうとしませんでした。

夫の体調を心配して、私も講演会に同行していたのですが、ある時、質疑応答の時に、彼が上手に答えられなかったので、つい、私が口を出してしまったことがありました。すると後で「お前が答えたので、みんながすごい奥さんだ、と言っていた」と彼に非難されてしまいました。すごい、とはエゴの強い、出しゃばりな奥さん、という意味です。

私は二人で一緒に仕事をしているつもりでした。たしかに夫が講演をするように依頼されていましたが、私も少しは意見を言ってもいいだろう、となんとなく思っていたのでした。それに、家に来てくれる読者には、私は自由に何でも伝えていました。だから、そう言われて、私はかなりショックでした。全然悪気はなかったし、夫を助けたい気持ちからだったのです。

その後も私にはなかなか話をするチャンスは巡ってきませんでした。そこでまた、私も講演会で少し話をさせてと、夫にお願いしました。すると、「家内が自分も話したいというので、僕はいやなのですが、今日は少し話してもらいます」と言って、私にも話をさせてくれたのでした。これもまた、ちょっとショックでした。ずっと昔の話なのに、今でも覚えているくらいですから、ずいぶん、傷ついたのでしょうね。

でもそれ以来、ご夫妻で講演をお願いします、ということが増えてきたのでした。

もうひとつの思い出は、翻訳のあとがきです。翻訳すると、必ず「訳者あとがき」という文章を書いていました。それは最初の本からずっと、夫の役割になっていました。特に彼が病気で仕事ができなかった時、私が翻訳を担当し、あとがきだけ彼に書いてもらっていました。それで本全体のバランスが取れるように感じたからでした。

でも、彼が元気になって仕事もできるようになった頃、私もあとがきを書きたくなりました。この時も、同じことが起きました。「僕はいやだけれど、お前がどうしても書きたいのならばどうぞ」と言われたのでした。こうして『前世療法』のあとがきは、山川紘矢がひとつ、山川亜希子がひとつ、書くことにしたのでした。

それからは、どちらか一方が書いても、二人の名前を出すようになりました。しばらくすると、あとがきは私たちのどちらかが自分で書くのではなく、すでにどこかに存在する文章を、どちらかが書き取るだけなのだ、ということもわかってきました。本当のところは、私たちの名前すら必要ないのかもしれません。精霊のお仕事なのですから。

それにしても、なぜ、私はこんなことを夫にお願いしたり主張したりしなければならなかったのでしょう？　夫の陰に隠れて何もしなくても良かったのかもしれません。私にとって、自分も話したい、書きたいと自己主張するのは、とても勇気のいることでした。

こうして最初は勇気が必要でしたが、やがて、二人で講演会に呼ばれたり、二人の名前であとがきを書いたりすることが、当たり前になりました。仕事は順調に進み、翻訳も講演活動も、私は大好きでした。心からワクワクして楽しんでいました。しかし、まだまだ私の中には夫に対する引け目があり、しかも競争心もいっぱいありました。

不思議なことに、他の人にはほとんど嫉妬《しっと》心も競争心も感じないのに、夫にだけは時々激しい競争心を感じていました。それも別々の仕事に就《つ》いていた時には何も感じなかったのに、同じ仕事を始めてからは、つい自分と夫を比較してしまい、そして「私なんて、彼に比べると全然駄目だ。劣っている。どうしても追いつけない。彼はみんなに求められているけれど、私は余計者だ」と強い劣等感を抱いてしまうのでした。

そのことが二人の関係を時々ひどい状態にしていました。そんな時感じるのは、自己否定と自己嫌悪でした。私はずっと自分を愛すること、自分を大好きになることを目的に自分自身を見つめてきて、かなりの程度、自分を好きになってきたのに、夫との関係を通して見えてくるのは、まだ自分を十分に許していない自分、自分をちゃんと評価できない自分、自分を愛せない自分なのでした。

仕事が広がっていく

夫の病気も一段落し、私のストレスから来る体力消耗も回復し始めた一九九〇年頃から、少しずつ、私たちの活動にも変化が現れました。二人で海外旅行に行けるようになり、日本中で講演会やワークショップをするようになりました。そして一番変わってきたのは、翻訳する本が増えたことでした。

それまではシャーリー・マクレーンの本を次々に訳しているだけでした。シャーリーは毎年、アメリカで出版していました。私たちもまた、それをすぐに翻訳して地湧社から発売していたのでした。それ以外には、まだアメリカにいた頃に本屋さんで見つけて購入してあったタデウス・ゴラスの『なまけ者のさとり方』を同じ地湧社から出版しただけでした。

幸い、これらの本はどれも一〇万部を超えるベストセラーになりました。私たちは出版には詳しくなかったので、そんなことは当たり前、と思っていたのですが、実は出す本が皆、一〇万部以上売れることなど、滅多にあることではないと言われました。もちろん私たち以外の力が働いていたからです。これは宇宙計画の一部であり、あらゆる存在が応援していたのです。そして、日本でも精神世界やニューエイジ、スピリチュアルの世界に興味を持つ人たちがどんどん増えてきて、たくさんの人が口コミで本を広めていったのでした。

『前世療法』

そんな時に、パイロットの資格を取るために二カ月くらいアメリカに滞在していた夫が、面白い本を買って帰国しました。

ブライアン・L・ワイス博士という精神科医の著した『Many Lives, Many Masters』（『前世療法』）という本です。これは優秀な精神科医だったワイス博士が、キャサリンという一人の若い女性患者の治療をしている時の体験を書いた本でした。キャサリンはいろいろな鬱《うつ》症状を抱えていて、人生がうまくいっていませんでした。そこでワイス博士のところに患者として訪れたのですが、どんな治療法を試しても、彼女の鬱病は良くなりませんでした。

そこで、博士は催眠療法を試すことにしました。初めて催眠療法を試した時、彼女は子供時代の重大な問題を思い出したのですが、それでも症状はまったく良くなりませんでした。困った博士は、もう一度催眠療法を試みました。この時は、「今の問題の原因になっているところに戻りなさい」という指示を出しました。

すると、びっくりしたことに、キャサリンは五千年前のエジプトに戻ってしまったのです。そこで体験したひどいトラウマが、彼女の今の症状の原因になっているのでした。そして、催眠状態でこの時のことを思い出しただけで、彼女の鬱病の症状はどんどん良くなっていったのでした。

彼女はエジプト時代の前世だけでなく、数多くのつらい前世を思い出していきます。そしてそのたびに症状が改善していき、ついに輝くばかりの美しい女性に変わりました。すっかり病気が治ったのです。

この体験から、博士は輪廻転生について研究を始め、他の患者にも催眠療法を試みるようになりました。そして大きな成果をあげ、同時に自分自身も輪廻転生や見えない世界の存在、大いなるものの実在へと、目を開かれていったのです。まさに、それはひとりの男性の、それも優れた精神科医の目覚め、『アウト・オン・ア・リム』そのものでした。

そして嬉しいことに、『**前世療法**』は着実に売れて、初版から二十年以上たった今も増刷を続けるロングセラーになりました。しかも、ワイス博士は次々に素晴らしい本を書き、私たちもせっせとそれを翻訳して出版しました。そのどれもが、ロングセラーになったのです。

『アルケミスト』

次にやってきたのは、『**アルケミスト**』でした。当時はまだ、その著者、パウロ・コエーリョのことはまったく知りませんでした。地湧社から、「面白い本の版権が取れたので、訳してくれませんか？」と電話を受けた時、私たちはモロッコ旅行に出かける直前で、慌《あわ》てて夫が本を読みました。短いけれど、素晴らしい小説でした。物語はスペインから始まり、舞台はモロッコに移っていました。ちょうどその時、私たちはモロッコへ行こうとしていたのです!! すぐにOKを出して、私たちはモロッコに出発しました。

そこで見たのは、古いモロッコの町、地中海側とサハラ砂漠を分け隔てているアトラス山脈、そして、砂漠の巨大な砂山と一〇〇〇本の椰子《やし》の木が茂ったオアシスでした。それはアルケミストに出てくる情景そのままでした。これは偶然ではありませんよね。誰かがちゃんと仕組んだに違いありません。私たちはモロッコの風景を目に焼き付けました。

『アルケミスト』の出版が決まると、著者のパウロを日本に招くことになりました。メインは東京での彼の講演会でした。素晴らしい企画ですが、どのようにお客様を呼べば良いのでしょう！ 当時はやっとインターネットが始まったばかりで、まだSNSもなく、告知はダイレクトメールや本にチラシを挟むくらいしかありませんでした。

地湧社は、パウロがブラジル出身のため、大学のポルトガル語学科やクラブにチラシを送りましたが、まったく手応えがありません。そこで、私たちも積極的に関わることにしました。私たちが受け取った読者からの手紙が、全部段ボールに何箱か取ってあったので、その人たちにダイレクトメールを送り、チラシももっと見やすい物に変えました。すると、どんどんチケットが売れ始めて、結局は八〇〇人も集まりました。まだパウロ・コエーリョって誰?という時に、すごいことです。そして講演会は大成功。講演会が終わっても興奮したお客様はロビーから去ろうとはしませんでした。

この時、私たちは夫の甥《おい》のすすめで、初めてパソコンを使い始めた頃でした。まだパソコンを使っている人がごく少なかった頃です。ブラジルにいるパウロとの連絡には、それまでは手紙か国際電話を使っていました。どちらも連絡するのが大変で、日程を詰めるにもなかなか仕事がはかどりませんでした。ところが私たちがパソコンのメールを使い始めると、ほとんど瞬時に連絡がついて、物事があっという間に進むではありませんか! それはびっくりで新鮮でした。

当時のパウロはヨーロッパではすでに人気作家でしたが、日本ではほぼ誰も知らない存在。『アルケミスト』が出版されて、やっと読まれ始めたところでした。彼はブラジル人ですが、ものすごくインターナショナルな人で、五カ国語がペラペラです。日本での講演会は英語でした。私たちは仲良しになって、それから彼が来日する度に楽しい時間を過ごしていました。今では世界の超人気作家ですから、ちょっと遠い存在になっています。

その後、スペイン巡礼路での修行を描いた『星の巡礼』をはじめ、ロマンティックな恋の話『ピエドラ川のほとりで私は泣いた』、廃墟から雄々しく立ち上がる市民を描いた『第五の山』、彼の自伝ともいえる『ヴァルキリーズ』を翻訳しました（いずれも角川文庫）。

彼は二年に一冊ずつ小説を書いています。『第五の山』以後は他の翻訳者によって、日本に紹介されています。

『聖なる予言』

その次に私たちの手元にやってきたのが、**『聖なる予言』**でした。この本が角川書店から届いた時、またしても私たちは外国旅行に出かける直前でした。この時は私が慌てて四日くらいで読み終わり、すぐに「訳します」と角川書店に返事をしました。

これはジェームズ・レッドフィールドというアメリカ人による初めての小説でした。最初は自費出版して奥さんと二人で書店に売り歩いていたのですが、次第に口コミで売れるようになり、大手の出版社から出版されるようになったのです。

この本は、小説仕立てで人が霊性に目覚めていくプロセスを描いています。舞台は南米のペルー。荒唐無稽《こうとうむけい》な状況設定でしたが、人々が目覚めるプロセスをわかりやすく描いています。ただ、ちょっと英語が奇妙な感じでした。

その後、アメリカ人とこの本について話す機会がよくありましたが、異口同音に「英語が変だよね」と言っていました。日本人の私でも、つい「奇妙な英語だなあ」と思うところがいっぱいありました。

この本は、一九九四年の秋に発売されたのですが、まだ角川書店が宣伝をひとつもしないうちから、書店で飛ぶように売れ始めました。こんな売れ方は初めてだと、角川書店でも大騒ぎになったそうです。一週間たたないうちに増刷が決まり、次の日には増刷数が三倍に訂正されるような、すごい売れ行きでした。その後、新聞広告なども出て、本格的に売れ始めると、どの書店に行っても一番目立つところに山積みになっていました。店の前にかごが置いてあって、その中に『聖なる予言』がいっぱい詰まっていたのを見たこともありました。

私たちが訳した本は、それまでもかなりよく売れたのですが、それでもこんな売れ方の本は初めてでした。なにか暴力的な力を持っている不思議な本だなあ、と思ったものです。もちろん、アメリカでも爆発的に売れていました。この本はスピリチュアル系の話はどうもね、という人が多い男性の興味も惹《ひ》いて、それまでは女性ファンがほとんどだった精神世界に、多くの男性ファンがうまれるきっかけになった本だったといえると思います。この本は半年間、ずっと売れ続けていました。

この本が発売された翌年の一月、私たちは著者のジェームズ・レッドフィールドがハワイで講演会とワークショップを行うという情報を得て、早速ハワイに行きました。ホノルルでの講演会は、ホテルの大きなホールに二〇〇〇人もの人が集まっていました。ハワイでも大人気だったのです。

そしてその翌日、私たちはワークショップが行われるマウイ島に向かうために、空港の待合室にいました。ふと、後ろを振り返ると、なんとジェームズと奥さんのサリーがいるではありませんか！　それも二人だけでした。

自己紹介は一応、前の晩に済ませていました。フライトは別々でしたが、私たちの搭乗時間が来るまで、四人でゆっくり話すことができました。

ワークショップはマウイ島の豪華ホテルで行われました。ここにも一〇〇人くらい集まっていたでしょうか？　二人はこのようなワークショップには慣れている様子で、楽しくて面白いワークショップでした。

ここで私たちは一人のスペイン人と仲良くなりました。サンチャゴ・ポゾと言って、ハリウッドでスペイン語の映画を販売する仕事をしているとのことでした。彼とは一緒に食事をしたり、観光をしたりしてとても仲良くなりました。サンチャゴ、という名前を聞いて、私たちは嬉しくなりました。前の年に翻訳した『アルケミスト』の主人公の名前がサンチャゴだったのです。

「君のことを書いた本があるよ。『アルケミスト』という本だ。ぜひ読んでみて」と夫が彼に言いました。サンチャゴはまだ、この本のことを知りませんでした。その後すぐ、サンチャゴからメールが来ました。なんと、彼がハリウッドの自宅に帰ると、ガールフレンドから本が届いていました。そしてその本は『アルケミスト』でした。

出会ったところはジェームズのワークショップだったのに、その後サンチャゴとは、パウロ繋がりでとても仲良くなりました。パウロと一緒に彼が来日したこともありました。

阪神・淡路大震災、そしてサリン事件

マウイ島でのワークショップが終わって、私たちは東京に帰ってきました。成田に着くとすぐ、「神戸で大震災。死者五〇人」という号外を受け取りました。なんてひどい災害が起こったのでしょうか？　少し行くと次の号外があって、死者数が増えていました。号外を受け取る度に、被害がどんどん増えていきました。家に帰り着くと、すぐにテレビをつけて、夜中まで災害の広がりを見続けました。

実はその十年前の一九八五年十二月、リア・バイヤースが来日中に、チャネリングを始めて間もなく、私は神戸に行って、友人にリーディングをしたことがありました。そのリーディングでは、「いつか、神戸に大変な災害が起こるから、その時は人々を助けなさい」といったことが出てきていました。大震災の予告だったのでしょうか？

夫は二年間、神戸に住んでいました。友達も大勢いました。みんな無事でしょうか……。多くの人が亡くなり、家を失って困難に直面しましたが、幸い、私たちの知り合いは皆、家が壊れた人はいましたが、怪我もせずに無事でした。

そして二カ月後の三月には、オウム真理教の地下鉄サリン事件が起こりました。ラッシュアワーの地下鉄の中での凶行でした。

オウム真理教の事件によって、一度に精神世界に関わる本やセミナーやヨガ教室などが、不信の目で見られるようになりました。私たちの本もぱったりと売れなくなりました。それも仕方がありません。宗教学者は、「一体宗教とは何なのだ?」と真剣に一から考え直し始めました。私たちは「宗教とは、特定の神を信仰し、教祖がいて神と信者の間を取り持つ、階層性を持った団体」と思っていました。

でも、**人は誰でも直接、宇宙や神、自分の魂と繋がることができます**。他の人の仲介は不必要なのです。そして、私たちが訳している本は、人が宇宙と直接繋がることを助けるための本でした。だから、オウム真理教の本と自分たちが訳している本は違うと思っていました。しかし、一般的には、オウム真理教と精神世界の思想は同じように思われていたのです。

しかし、この事件が起こったことで、私たちもこれからどのように進むか、じっくり考えることができたように思います。そして幸い半年もすると、私たちの本を読んでくださる人も、また増えてきたのでした。

この年は、私たちが翻訳者として活動を始めて十年目の記念の年でした。その前年に、『聖なる予言』と『アルケミスト』という二冊の本が発売になり、ベストセラーになったのは、とても嬉しいことでした。それを記念して、十二月にお世話になった皆さんをご招待して、感謝の会を開きました。まさに、それまでの十年間、私たちと一緒にそれぞれの分野で活動してきた方たちとの同窓会のようになりました。まだまだ翻訳を始めてから十年、これから世界がどのようになっていくか、わかりませんでした。ただ、私たちは皆、とても若くて元気で、新しい時代が来ることを疑っていませんでした。

ロナミの教え

一九九六年、私たちはアメリカに向かいました。なぜかというと、以前からの友達、アメリカの有名なチャネラーであるペニー・ピアースに東京で会った時、彼女に「アメリカの砂漠に行く必要がある」と夫が言われたからでした。どこに行けば良いのでしょうか？

すると、その後すぐに参加したトランスパーソナル学会の第一回総会で、ニューメキシコ州に住んでいるシャーマンのことを知りました。ともかくすぐに、その時に教わった住所に手紙を出しました。すると折り返しロナミと称するシャーマンから返事が来ました。「私たちのご縁が三分で終わるか、三千年続くかわからないけれど、ともかく来なさい」

この一言で、この人こそ夫が会いに行く人だと思いました。

夫はすぐにニューメキシコに旅立ちました。一方留守番役の私は、毎日、押し入れの整理に励んでいました。しばらくすると、夫から手紙が来ました。

「ロナミが奥さんもここに来なければいけない、と言っている」

私はびっくりしました。そして行きたくない、と思いました。でも、夏のお盆の真っ最中にアメリカ行きのチケットを取るのは無理に思えたので、飛行機のチケットが取れたら行こうと決めました。ところが、なんと、すぐにチケットは取れてしまい、行くより仕方なくなりました。

一方、夫はロナミのところに行ってすぐ、病気になって彼女に看病してもらうはめになりました。そして三日ほどして病気が治ると、「私はあなたの先生ではないから、今からサンフランシスコの禅センターに行きなさい」と言われました。それから彼は四日間かけて、ニューメキシコからサンフランシスコまで、車を走らせました。最初は一人旅が不安だったそうですが、最後は大声で歌を歌い始めるほどの恍惚《こうこつ》感を抱き始めたとのことでした。

そして、サンフランシスコでも、次に行った山の中にある禅センターでも、楽しい時間を過ごしました。そして帰国した時、彼は興奮状態でした。自分がどれほどすごい体験をしたか、夢中で話してくれるのですが、私はこれから行くニューメキシコのことが心配で、そんな話は聞きたくもありませんでした。

それでも容赦なく、私の出発の日はやってきました。ニューメキシコ州のアルバカーキまで飛び、そこからレンタカーでロナミが住む山の中に行きました。なんとか無事に到着。森の中の小さなキャビンのドアをそっと押すと、六十歳くらいの白人の女性がソファに座って編み物をしていました。

「こんにちは、亜希子です」と自己紹介をすると、すぐに招き入れてくれました。

そこは本当に小さなキャビンでした。山の中にあるその一軒家にロナミは大きな黒い犬と一緒に住んでいました。その日から、彼女は食事作りや私の身の回りの世話をし、そして私の先生となりました。**彼女は夫の先生ではなくて、なんと、私の先生だったのです。**

そこで私が命じられたのは、自分の周りの人との関係を明らかにするために、気づいたことを書き出すことでした。まず初めに、自分とあまり緊張関係にない姉から始めました。ストレスを感じない人たちについて次々に書いていると、ついに彼女に言われてしまいました。あなたはいつ、一番重要な人のことを見るつもり？

一番重要な人とは夫でした。五日目、私はやっと、夫と自分の関係を見る決心がつきました。ロナミからは、箇条書きにして彼に対するあなたの問題を書き出しなさい、と言われました。そして彼女は家を出ていってしまいました。

急に私の中に得体の知れないどす黒い感情が浮かび上がってきました。それは夫に対する激しい怒りでした。私たちは前世でも何回も出会っています。だから多分、この怒りは今生のものだけではなかったかもしれません。身体がわなわな震えるほどの怒りでした。

そして私は紙に英語で「私はお前を殺してやりたい」と書くと、その紙をスタンドのランプシェードに貼り付けました。その感情を震えながら思い切り味わって少し落ち着いてから、彼に対して持っている問題、ネガティブな感情や恨《うら》みつらみを箇条書きにするという、ロナミからの宿題に取り組みました。

午前中ずっと、一人で思い出すことを全部書き出しているうちに、その数は二〇〇を超えてしまいました。その頃になると、恨みつらみの内容は笑ってしまうほど、些細でくだらないことばかりでした。そして私は本当に笑い出してしまいました。

実にくだらない怒りや恨みを、私は彼に対して後生大事に持っていたのでした。面白くなって、どんどん自分の中を探して書き出し続けました。すると、自分の中が空っぽになって、とても楽になりました。もう大丈夫だと思えました。

そしてロナミが家に戻ってきた時には、私はすっきりしていました。ロナミが後で言うには、「私はお前を殺してやりたい」という紙切れを見た時、ああ、これでうまくいった、と思ったそうです。自分の中にとぐろを巻いている怒りに、やっと私が気づいたからでした。

翌日の朝、ロナミが何かに聞き耳を立てるような表情で言いました。

「あなたは今日、朝ご飯の後すぐに旅に出なさい。どこへ行くつもり？」

寝耳に水とはこのこと。一時間後にはここを出ていきなさい、と言うのです。でも不思議なことに、ちゃんと行く場所はありました。それも二カ所。

一つはシャーリーの本に出てきたクリス・グリスコムに会いに行くことでした。彼女は鍼《はり》治療によって前世を見させてくれるという人で、シャーリーは彼女の施術によって自分の前世を知ったそうです。彼女の治療院はここから二時間くらいの場所にありました。

もう一つ、もっと大切なのは、リア・バイヤースに会いに行くことでした。リアは私たちをこの世界に引き込んだチャネラーです。彼女のおかげで私たちの人生は一八〇度変わってしまいました。ところが彼女とはこの十年間、一度も会っていませんでした。日本にって最初に来た時に、彼女がおかしくなってしまったのを見たからでした。それ以来、自分はまだ十分に力がないのを知っている私は、彼女から距離を置きました。そしてそのまま、十年間、会わずにいたのでした。

しかし、ロナミを訪問する少し前、私はリアがニューメキシコ州のすぐ北にあるコロラド州のボールダーにいることを、友達の手紙で知りました。その住所をしっかり持ってきていました。そのことを話すと、ロナミが助言してくれました。

「ああ、そこのようね。そこに行きなさい。電話をしては駄目よ。ここに来た時のように、何も連絡せずに、こんにちは、と言ってたずねなさい。人に場所を聞いてね」

リアとの再会

その時、私は地図を持っていませんでした。今のようにカーナビやスマホもありません。高速道路に乗るまでの道だけ聞いて、ともかく出発しました。高速道路に乗ってからはただひたすら、北に向かって走りました。コロラド州の最初の町、トリニダードに着いた頃には、夕方になっていました。すぐそばのモーテルに宿を取ると、ゆっくりお風呂に入りました。疲れ切っているのがよくわかりました。今までの自分とは違う自分であることも感じました。何かがきれいに洗い流されて、私の中の黒い部分がかなり減ったのかもしれません。夕ご飯を食べに外に出るのも、案内所で地図をもらうのも、夢見心地でした。

翌日、無事にボールダーに到着。町の中心部で車を止めました。そして案内所を探し、今晩泊まるホテルを探すことにしました。ところが……。

この日、この町のコロラド大学がオープンキャンパスをしていて、全国から大学見学にやってくる親子で、すでにホテルは一部屋も空いていないのでした。リアを見つけて、彼女の家に泊めてもらうより仕方ありません。それは私が一番やりたくなかったことでした。でも、**宇宙はちゃんと私をその方向へと導いた**のでした。

リアの住むアパートが立ち並ぶ場所までは簡単でしたが、彼女の部屋を探すのは至難の業でした。なぜか建物の番号がわからないのです。しかも、場所を聞きたくても歩いている人すらいません。途方に暮れながら一時間もウロウロしてから、やっと出会った人にリアの部屋の番号を見せると、「あら、私の住んでいる建物よ。私のお隣さんね」と言って連れていってくれました。

リアの家のドアは開いていました。そっとドアを押して「こんにちは」と言うと、デスクの前に座った女性がこちらを見て、ちょっと待ってねと合図をしました。彼女は誰かと電話中でした。電話が終わると女性が出てきました。最初は誰だか、わからなかったようでした。「綏子《やすこ》です」と私が自分の本名を名乗ると、やっとわかったようでした。「今日、泊めてほしいの。ホテルが取れなくて」と言うと、「もちろん、ここに泊まっていって」という彼女の返事で、私たちの再会は始まりました。

十年ぶりの再会は最初はお互いにちょっと気まずかったのですが、その日から毎日、朝起きた時や食事をしている時など、突然過去の話になってお互いにどれほど誤解していたかに気づいていきました。彼女はその十年間、大変な体験をしていました。ご主人とは離婚し、ヨーロッパでヒーラー、チャネラーとして活躍し、インドのパパジのアシュラムで瞑想をしているうちに覚醒して、今はリアからアルーナという名前に変わっていました。

彼女は初来日の翌年と翌々年にも日本に来ていました。その時に、私が彼女の悪い噂を流したので、彼女の講演会に来てくれる人が少なかった、という話にはびっくりしました。その頃、私は夫の看病に必死で、人を邪魔する暇などなかったからです。それに、家に閉じこもっていて、我が家に来てくださる少数の人以外との接触もありませんでした。このような誤解を、私たちは毎日、少しずつ解いていきました。そして九日たった満月の日、彼女の家を辞したのでした。

リアのところでは、笛吹パンタさんに出会いました。彼は十代の頃からバックパッカーとして世界を駆け巡り、自由な人生を送ってきた人です。ボールダーでお寿司屋さんを開いて大成功しました。すると彼はすぐに引退して、私が出会った頃はすでに好きなことをして毎日を送っていました。こんな人もいるのか、と思うように陽気で楽しくて、何でもできる素敵な人でした。彼にはコロラド山中の湖に連れていってもらったり、ヨガ道場に滞在させてもらったり、とてもお世話になってしまいました。

ロナミの家に戻る途中で、もう一つの予定、クリス・グリスコムのセンターにも行きました。彼女には会えませんでしたが、職員の女性がセンターを案内してくれました。とても静かな落ち着く場所でした。こうして本当に充実した日々を送って、私はまたロナミの山小屋に戻ったのでした。

母の呪縛を解く

日本に帰国するまで、あと二日間。戻ったとたん、「あと二日で何をする？」とロナミに聞かれました。ふと思ったのは母との関係でした。母が五十四歳の時に私は結婚してすぐにマレーシアに行きました。五十四歳以降の母を、私はよく知らないように思いました。そしてその時、私はまさに五十四歳でした。ですからそれからの母との関係を見ようと思いました。

母との関係を見ていくと、すごいことに気がつきました。私はずっと、母と自分はとても良い関係にあると信じ込んでいました。何しろ一度もケンカをしたり、反抗したりしたことがなかったからです。

でも、それは私がいつもガマンしていたからなのでした。母にどんなことを言われても、何も言い返しませんでした。いらなくなった服を母から「これは、あなたにあげるわ」と言われると、欲しくなくても、はいと言って受け取っていました。自分がやりたいことでも、母に反対されると諦《あきら》めました。それどころか、何かやりたいと思っても、多分、母が反対するだろうと思うと、相談しないうちからやめてしまうのでした。

要するに、私は母の顔色を常にうかがい、母の機嫌を損ねないように生きていたのでした。そのことに気づくと、どうしてそうなったのかも同時にわかりました。

母は私にいつも言っていました。「あなたが生まれた時、誰も喜ばなかった。こんな子はいらないと言ったのよ。でも、私はあなたを産んだから愛しているのよ」。

この言葉こそが、母が私にかけた、というか、**私が自分にかけた呪縛**だったのです。「他の人は皆、私などいらないと思っている。でもお母さんだけは私を愛してくれている。お母さんの愛を失ったら、私には何もなくなってしまう」

だから、私は母に見捨てられないように、必死だったのです。母の機嫌を損ねないように、母が認めてくれることだけするように、自然と身についていたのでした。

そのことに気づいた時、どうすればそこから抜け出せるか、見当もつきませんでした。自然と足は誰もいない山の中に向かいました。ロナミの愛犬マギーが、ずっと後をついてきてくれました。私は山の中に大きな岩を見つけて、そこに座り込みました。そして、自分の中にある怒りや悲しみや恐れなどが出てくるに任せました。

いくらでもどろどろとした思いが出てきました。母が私にぴったりとしたスキンウェアのようなものを着せて、それがすでに私の第二の皮膚になっているのに気づきました。そのつるつるした皮膚によって、私の自由は奪われていたのです。それに気づくと、その皮膚をはがせば良いのだと思って、見えない皮膚を必死ではがしていきました。その間、マギーはじっとそばに座って私を守ってくれていました。

最後に、私は母からもらった服をずたずたに破って捨てました。もうあなたの言いなりにはならない、私は自分で自由に生きていきます、という宣言でした。

自分が母に何か言われるのをとても気にしているのには、前から気づいていましたが、これほどだったとは思いもよりませんでした。でもこうなったのも私自身が作り出した状況なのです。だから、自分でそこから抜け出せば良いだけでした。

その後、母と私の関係はほとんど理想的になりました。お互いに過剰に干渉し合うこともなく、私は母に優しく接し、母も私を信頼してくれました。「あなたが一番優しい」といつも言ってくれたものです。そして、母があげると言っても、自分が欲しくない服は、うまく断ることもできるようになったのでした。

ロナミはまさしく私の先生でした。わずか二週間の滞在で、私は夫との関係をクリアにし、リアと仲直りし、そして、母との関係を最高にすることができたのでした。そしてそれは私が人生の次のステップへ向かうための準備でした。

活動の広がり

その頃から、私たちの講演活動は日本全国に広がっていきました。『聖なる予言』や

『アルケミスト』などの本の読者もどんどん増えていました。

仕事は順調だったのですが、ロナミの教えを受けたあと、私は何か、自分に違和感をおぼえ始めました。どうも自分が偽物のような気がしたのです。話すことと自分の間にギャップを感じた、といっても良いかもしれません。もちろん、何をするにも誠心誠意、心を込めているつもりでしたが、何かがずれている感じでした。そんな時、突然、人のオーラが見えるようになってしまった、という女性に出会いました。彼女に私のオーラを見てもらうと、「すごいものが首に巻き付いている」と絵を描いてくれました。

それ以外にも感情的な問題がまた持ち上がっていました。仕方なしに、もう一度、ニューメキシコのロナミのところに行くことにしました。十二月の寒い時で、山は雪で薄化粧していました。今回の修行は前回とはまったく違いました。ロナミと一緒にドライブしたり、ディナーを食べに行ったり、その間にいろいろ注意をされたりと、厳しいのですが、前回のような手応えはありませんでした。

ところが今日で終わりという日、朝ご飯の時にロナミが話し始めました。

「身体を使っている人たちは、一言言うとすぐにわかるけれど、ハーバード大学に行きました、みたいな学歴の高い人は、なかなか私の言うことがわからないのよ」

私はとてもむっとしました。私もハーバード大学とは言いませんが、日本では高学歴のほうです。それに、私はすでに十年近く、今、ロナミが私に教えているようなことを、人に教えているのです。

「私もあなたの言うことをわかっていない、と言うのですか？」

と思わず反抗的になりました。というか、もう怒りでいっぱいでした。

するとロナミは、「そこに横になりなさい」と言って、私を床の上に寝かせると、また私を攻撃し始めました。攻撃ではなかったのでしょうが、私にはそうとしか思えませんでした。その中に、「あなたはとてもプライドが高い。だから人の話など、聞けないの」という言葉がありました。もう限界でした。すでに訳のわからない反論を叫んでいた私が、

「私は、このプライドを捨てるくらいだったら、死んだほうがましよ」

と、はっきりと言ったのです。自分でもびっくりしました。自分はプライドが高いとも、何かを鼻にかけているとも思っていなかったからです。むしろ、いつも腰を低くして、私はみんなと同じよというようにしていました。それなのに、ロナミにプライドが高いと言われて、こんなことを叫ぶなんて。

しかし、思わず叫んだこの言葉こそ、私のその時の本当の状態を表していました。私は

人よりすごいのよ、先生なのよ、というおごりが、心の中で渦巻いていたのでしょう。

そして幸いなことに、この一言を叫んだとたんに、そのおかしなプライドは消えてしまいました。とてもほっとしている私がいて、やっと呼吸ができるようになりました。もうそれ以上、ロナミに反論する必要はありません。ずっと感じていたギャップ、自分は偽物だという感覚は、自分は特別だという高慢な気持ちがありながら、口ではみんなと同じよと言っていたからなのでした。

そんな私に向かってロナミがさとすように言いました。

「すべてのエゴの中でスピリチュアルエゴが最悪なのよ」

私はそこにしばらくじっと横たわっていました。またまた、大きな切開手術を終えた感じです。しばらくその傷が癒えるまで、じっとしている必要がありました。やっと落ち着いてから、私はロナミに別れを告げて、アルバカーキの空港へと車を走らせました。そして、空港のそばのモーテルに泊まり、久しぶりにゆっくり湯船に浸かりながら、またしても私は自分が再生できたことを深く感じていました。

帰国すると、愛犬のキッシーの具合が悪くなっていました。ずっと元気だったのに。彼女は三回のお産で一二頭の子供を育てた素晴らしいお母さん犬でした。私は彼女からどれだけ大きな愛をもらい、どれほど多くの学びを得たことでしょうか？

キッシーの愛らしさは特別でした。彼女のキラキラした目を見つめると、「この子がいなくなったら私は生きていられない」と思うほど、私は彼女を愛していました。まだ十三歳でしたが、度重なるお産と子育てで体力を消耗していたのでしょうか、心臓弁膜症になっていて、それがわかった時にはすでに手遅れだったのです。

私がアメリカから帰国して二週間たったクリスマスの日、彼女は旅立ちました。そして、後には雄のチェビーが残されました。

二度のロナミによる個人教授は、私をとても楽にしてくれました。もう、自分の人生をちゃんと生きることができるのです。変なプライドを捨てて、ありのままの自分でいられるのです。そして、気づくと**私も夫も新しいステップに突入していました**。講演活動が増え、雑誌の連載が始まり、様々な著者の本を訳し始め、新しい楽しみを見つけたのでした。

けやき美術館でのお話会

私は毎月一回、小さなお話会を開いています。すでに二十五年以上、同じ場所で続いています。けやき美術館という世田谷区千歳船橋にある小さな個人ギャラリーです。

二十五年前、偶然、私が迷い込んだギャラリーでした。その時、オーナーの菅野奈津子《かんのなつこ》さんとお友達になり、やがてお話会を毎月、行うようになりました。それもけやき美術館のお手伝いをしたいというだけのこと、皆さんが集まってくだされば良し、誰も来なかったらやめましょうという気持ちでした。

それが二十五年も続いてしまいました。来てくださる方はどんどん変わっていきます。小さな会場は、満員でも五〇人くらいです。最初の頃は今のようにインターネットがないので、お手紙をくださった方にお知らせしたり、けやき美術館の会報でお伝えするくらいでした。あとは来てくださった方の口コミでした。今はフェイスブックとメールマガジンでお知らせしています。

最初の数年間は、ほとんどいつも同じ一〇人ほどの人たちが来てくださいました。それは私のお話会というよりも、勉強会のようなものでした。当時は私も四十代後半、集まってくださる方も同じ年くらいの女性がほとんどでした。

そして多くの方に共通していたのが、子供たちの問題でした。登校拒否、摂食障害、非行など、子供の問題に悩み、必死で解答を探し求めているうちに、シャーリーの本にたどり着いた人たちでした。そこでみんなが学んだことは、すべては自分の中にあるということでした。

子供をなんとかしようとするのではなく、自分自身を見つめ、自分の思考の狭さに気づき、子供たちを受け入れ、信頼する。子供たちは問題を引き起こす厄介者《やっかい》ではなくて、私たちに自分自身について気づかせるための導き役であること、こうしたことに気づくことによって、みんなとても楽になり、人生を楽しむようになっていきました。そこから私も多くのことを学びました。

自分だけの人生しか知らないのでは、絶対に学ぶことのできないことがこの世界にはあり、他の人たちと体験や思いをシェアして初めて、それを学ぶことができるのでした。

私のお話を聴きに来てくれる人がいる限りは続けよう、と思って始めたこのお話会、今もまだ毎回たくさんの方が来てくださっています。長い方もいれば、一回限りの方もいます。どちらでも良いのです。そして、その集まりの中で、人が繋がっていくのも楽しいです。

菅野奈津子さんと私の二人三脚のお話会、これからどこまで続くのでしょうか。

なまけ者読書会

一方、夫はロナミのところに行った時に、彼女から宿題をもらいました。**「男性のためのサポートグループを作りなさい」**という宿題でした。

この頃、精神世界について勉強し始めた人は、ほとんど女性ばかりでした。本の読者もお話会や講演会に来てくださるのも女性が多く、男性はほとんどいませんでした。

それが『聖なる予言』が出た頃から、少しずつ男性もやってくるようになりました。ある時、男性の三人連れが会場に現れた時には、びっくりしたのをよく覚えています。それが今では、性別を問わず多くの人が見えない世界に気づき始めています。

最近は量子論的にこの世界の成り立ちを説明する理論や、無の世界、非二元の世界といった、悟りの世界を語る人たちが多くなってきて、男性にも受け入れやすくなったのかもしれません。また『ザ・シークレット』から始まった「引き寄せの法則」ブームも、成功志向の男性を引きつけたのだと思います。

しかし二十年前は、天使や精霊、チャネリングやヒーリングなどの全盛期で、その柔らかい感じの精神世界に関心のある男性はごく少数でした。

だから男性のためのサポートグループを作りなさいと、ロナミは言ったのです。しばらくはそのまま放っておいたのですが、やっと重い腰を上げて、近所の文化センターの部屋を借り、一九九七年二月二十二日に旗揚げしました。部屋を申し込む時、団体名が必要で、とっさに出てきた名前が**「なまけ者読書会」**でした。一回目の読書会には、ぴったり二二人が集まりました。二月二十二日、二二人。何やら意味あり気でした。

男性のみの集まりなので、実は私はどんな集まりなのか、知りません。でも、月一回の会合には、いろいろな人が集まりました。自分の仕事ややりたいこと、悩み相談などを、一人ずつ、話す会だったそうです。そこで知り合った人たちが一緒にコンサートや個展を始めたり、それが発展していつかスピコン（スピリチュアル・コンベンション）になっていったりして、この読書会はそれなりの成果をあげていました。けやき美術館のお話会に男性が来ると、私はなまけ者読書会を紹介して喜ばれました。

残念なことに、十年ほど続けると、夫が飽きてしまって、なまけ者読書会は中止になりました。今でも問い合わせがあったりするのですが……。もう一度開けば良いのに、と思うのは私だけでしょうか？

私の嫉妬心

お恥ずかしいのですが、私は嫉妬深い人間でした。というのは、四十歳で初めて参加した自分を知るセミナーで、「私は嫉妬深くて困ります」と先生のダンカン・カリスターに質問したのを覚えているからです。

私の深い嫉妬心がはっきり発現し始めたのは、夫の病気が一段落してからでした。彼にはかなわないと思ったり、誰かが彼のことを褒めると、やはり自分はたいしたことはないのだと思い、激しい嫉妬心というか敗北感にさいなまれるようになったのです。その頃になると、他の人に対する嫉妬心はほとんど感じなくなっていたのですが……。

翻訳十周年パーティーが終わって間もなく、マガジンハウスが創刊する『リラックス』という雑誌に精神世界に関するエッセイを連載する仕事が夫に舞い込みました。私が本当に良い奥さんだったら、「まあ、あなた良かったわね、おめでとう。素敵なエッセイを書いてね」と大喜びするのでしょうが、私の気持ちはそうはいきませんでした。とても悔しくて、とてもうらやましかったのでした。

夫に追い越されてしまった、私はやはり駄目なのだと、鬱々としてしまったのです。彼のエッセイはとても人気があって、連載が終わってから単行本にしていただきました。『天使クラブへようこそ』（マガジンハウス）です。

運良くこの本を手に入れた方たちは、「これは面白い、すごい本だ」と絶賛してくださいました。それも私には気に入りませんでした。この件は私たちの夫婦関係まで険悪にしてしまいました。つまり、私が険悪にしたのです。

ドイツでの過去生

この本が出てしばらくして、私は姉と一緒にドイツに行きました。姉の学会参加について行ったのです。二〇〇〇年の夏のことで、すでに東西ドイツは統合されていましたが、旧東ドイツだったドレスデンの町には、ソ連占領時代の古い建物がたくさん残っていました。町を行く人たちには、あまり笑顔がなかったのが印象に残っています。

ある朝、私は悪夢から目覚めました。何か猛烈に夫に嫉妬していて、しかも異常なくらい激しい憎悪を感じている夢でした。実に嫌な夢でした。思わず姉に聞いてもらったくらいでした。その日は姉が学会に出るというので、私は一人でドレスデン観光に出かけました。そして、まず有名な美術館に行きました。美術館は、戦争で破壊されたザクセン王国の宮殿を再建した建物の二階にありました。

一階の入り口で入場券を買い、中に入って二階に上る大きな階段に足をかけたとたん、さっと身体中から血が引いて行くような感覚が起こりました。それは幅が一〇メートルくらいもあり、まっすぐに二階に通じている石造りの階段でした。それと同時に、**ひとつの物語が一瞬のうちに私の中に入ってきた**のでした。

私はザクセン王国の宮廷付きの御用学者でした。一時は国王の寵愛《ちようあい》を受けて我が世の春を謳歌《おうか》していました。ところがしばらくすると王様は私に飽きてしまい、他の国からもっと優秀な学者を招きました。それが今の夫、紘矢さんだったのです。

国王はこの新しく雇った学者を寵愛しました。すると、それまで私にお愛想を使っていた人たちも、私を無視して新しい学者をもてはやすようになりました。私は悔しくてたまりません。新しい学者を憎みました。でも、国王は私を宮廷から追い出さなかったので、私は窓際族になってもそのまま宮廷にい続けました。そして新任の学者に対する嫉妬心と怒りと恨みをメラメラと燃やし続けたのでした。

この物語が一瞬のうちに私の心の中に展開される間、あまりのことに呆然として、私は階段の真ん中に立ち尽くしていました。息ができないほどのショックでした。

やがてやっとの思いで階段を登りきると、向こうに美術館のガラスのドアがありました。ガラス戸を通して、ラファエロの有名な聖母子像「システィーナの聖母」が見えました。マリア様が幼子を抱いている美しい絵です。学会で顔見知りになった日本人の奥様に声をかけられたのですが、返事をすることもできませんでした。私はまっすぐに聖母子像の絵の前に行くと、その前に置かれていたベンチに三十分も座っていました。そしてなんとかこの絵に癒やされて、立ち上がることができたのでした。

この前世を知って、自分の尋常ではない彼に対する嫉妬心や劣等感の原因の一つがわかりました。これが本当のことだったかどうかはわかりませんが、私の中から自然に出てきたものであるからには、実際にあったことに違いないと思いました。

それから一年くらいたった時、普段はテレビを観ない時間に、ふとテレビをつけました。すると、そこで放映されていたのは、ザクセン王国の陶工に関するエピソードでした。ザクセン王国はマイセン陶器で有名です。時の国王が中国磁器のように美しい磁器を作るために、有能な陶工を呼び寄せました。彼は美しい磁器を作ることに成功して、王様はおおいに喜びました。

しかし、王様はもっと素晴らしいものが欲しくなって、外国からさらに有能な陶工を呼び寄せました。そして、新しい陶工をかわいがり、元の陶工は宮廷に留め置かれたものの、仕事は何も与えられませんでした。元の陶工は新しい陶工を恨み、嫉妬心に燃えました。

似ていますよね。というか、そっくりそのままでした。学者と陶工と役目は違いますが、国王に飽きられてつらい人生を送ったところは同じでした。

本当にびっくりでしたが、私にとって大切なことは、これが事実かどうかよりも、こうした前世を垣間見て、夫に対する嫉妬心がなくなるかどうかでした。すぐにはうまくいきませんでした。それでも、この前世を見てから、自分の嫉妬心を少し許せるようになったのが有り難かったです。「彼のほうが私より優れている」「みんなに好かれている」「私のほうが近づきやすいので、いろいろ声をかけてくださる方が多いけれど、実はみんなは夫に近づきたいのだ」などという、私のねじ曲がった考え方も、前世でこんな体験をしたのでは仕方ないかもと思って、自分を少し許せるようになったのでした。

このドイツ旅行では、私はもう一つ、自分の前世を思い出しました。何日かお世話になった友達のところで首や肩がものすごく痛くなり、ヒーリングをしていただいても治りませんでした。ある朝、私ははっと思い出しました。「私はここで魔女狩りにあって、絞首刑になったことがある」それに気づいた時、やっと首や肩の痛みが消えたのでした。

実は私はドイツという国になぜか行きたくありませんでした。フランスやイタリア、スペインは大好きで何回も行きましたが、なぜかドイツに行こうと思うことはありませんでした。むしろ行きたくない国だったのに、姉に強引に連れていかれたのです。ドイツでひどい目に遭《あ》った前世の体験を二つも思い出してからは、ドイツに対する違和感はまったくなくなったのでした。

ドイツに行った翌年、二〇〇一年二月に十七歳七カ月で愛犬チェビーが旅立ちました。犬としては大往生でした。最後の頃は目もよく見えず、歩くのもやっとの状態でした。ある日、急に何も食べなくなり、翌日から寝たままになって、五日後に私の目の前で息を引き取りました。見事な最期でした。

彼の死は私たちを自由にしてくれました。寂しくなりましたが、もう、チェビーのことを心配せずに、何日でも、どこへでも二人で行くことができるようになりました。チェビーとキッシーが私たちに与えてくれた愛と素晴らしい日々に心から感謝して、私たちはチェビーを見送ったのでした。

3

学びながら、体験しながら

エサレンとの出会い、そしてスピリットダンス

カリフォルニア州ビッグサーにあるエサレン研究所は、一九六二年に設立されたニューエイジムーブメントの発祥の地の一つです。人間の意識の変革を目指す研究を推し進めるために、エサレンには世界中から優れた心理学者、哲学者、宗教者などが集まってきました。そしてゲシュタルト、グロフブリージング、ファイブリズムダンスなどの意識改革に役立つ優れた療法が生まれました。

現在、エサレン研究所は研究機関としての役割は終えて、スピリチュアルな教育機関として様々なワークショップを開き、世界中から多くの生徒を集めています。私たちもいつかは行きたいと思っていましたが、不便な場所にあって行くのが難しそうなので、二の足を踏んでいました。

元気になった夫はいろいろな勉強を始めましたが、その一つがエニアグラムでした。「九つの性格」といって、人間の性格を九種類に分けて分析する方法です。二人でリソとハドソンのワークショップを日本で受けたのが始まりでした。私はあまり興味を持てずに

やめてしまったのですが、夫はもっと勉強したいと言って、その上のクラスも日本で受けました。そしてさらにエサレンで彼らが行うワークショップがあると知って、それにも参加することにしました。

ところが、彼がエサレンで得てきたものは、エニアグラムの極意ではなくて、自由ダンスでした。エニアグラムのワークショップの後、彼はダンスと太極拳のクラスを受講して、自由ダンスの楽しさに目覚めたのでした。そして帰国したとたん、宣言しました。

「僕はダンスを教えるのだ」

私はびっくりしましたが、なまけ者読書会を開いている町田市の玉川学園文化センターには、ちょうどダンスにふさわしいホールがありました。床も壁も木でできていて、高い天井には十字架のように太い梁《はり》が走っていました。夫はすぐにホールを予約して、「スピリットダンス」と銘打ってダンスを教えることにしました。

彼が帰国したのが二〇〇〇年十月末、そして第一回スピリットダンスの会は、その後あっという間の十二月十六日に開かれました。どんなダンスかわからないのに、たくさんの方が興味を持ってくれました。

翌年、もう少しダンスを学ぶために、二人でエサレンに行ってダンスのクラスに参加しました。その時の先生キャサリンに誘われて次に参加したのは、サンフランシスコ近郊で行われた、ガブリエル・ロスという自由ダンスの創始者による、特別なセミナーでした。そこでは一カ月間、世界各国からやってきた仲間と一緒に、ダンス三昧《ざんまい》の毎日を送りました。

ガブリエル・ロスの自由ダンスは、最初はゆったりと流れるような踊り（フローイング）、次はパッパと活動的な踊り（スタッカート）、三番目は激しく自在な踊り（ケイオス）、そして最後は静かに内面に入る踊り（スティルネス）になるように音楽をかけ、それに合わせてそれぞれが自由に踊るというものです。

夫は自分が踊る場所が欲しくて、スピリットダンスの会を始めたのですが、最初の頃は、フローイングからスティルネスまで、踊りの順序を守っていました。そのうち、音楽の順序などにあまりこだわらず、しかも何も教えないことにしました。音楽をかけて、後は「自分の中から起こってくる動きを大切にし、自分の好きなように動いてくださいね」と言うだけです。

私たちは「教えてもらう」「習う」ということにあまりにも慣れていて、自分で自由に動くことが苦手になっています。特に踊りや音楽は教えてもらわないとできない、と無意識に思い込んでいる人が多いのです。

　はじめは、「音楽に合わせて自由に踊ってください」と言われて、途方にくれる人がたくさんいました。振り付けがあってそれを教わるのがダンスのクラスだと思い込んでいたからです。それと、人に見られて恥ずかしい、という思いを持つことも多いようです。「誰も見ていないよ」と言われてもやはり恥ずかしい。でも音楽に合わせて踊っているうちに、そんな気持ちはどこかに消えてしまい、みんな元気に自分流に踊り始めます。そして感想は、「気持ち良かった。身も心もとても楽になった」という方が多いのです。

　自由にみんなが踊っている時、その場全体が完璧に調和しています。スピリットダンスでは何をしても自由なので、音楽がかかっている間、寝ている人もいれば、踊りまくっている人もいれば、瞑想している人、ぼんやりしている人、お互いにヒーリングし合っている人など、いろいろです。でも狭い会場の中で全員が完璧なミニ共同体を作っているのがよくわかります。すべては完璧。リーダーもいなければ、こうしなさい、という規則もない、ただみんなが好きなように動いている、またはじっとしている。そしてそこに完璧な調和があり、素晴らしい社会がある。きっとこれこそが未来社会の構図なのだろうと思ってしまいます。

何回も通っているうちに、人生が変わってくる人もたくさん見てきました。自由に踊っているうちに、自分が作り出した束縛や制限、思い込みがどんどん外れて広がっていくと、それまでの人生からもっと広くて楽しい人生へと、進み始めます。たかがダンスですが、これがなかなかすごいのです。私たちの仕事の中で、スピリットダンスが一番素晴らしいかもしれないとさえ、思っています。

そのダンスもすでに十七年目に入りました。申し込みも不要で、その日に来たい人が自由にやってくるのですが、いつも最適な人数が集まるのが不思議です。しばらくずっと通っている人もいれば、一回だけの人、時々現れる人など、いろいろですが、どんどん新しい人が現れ、古い人たちが去っていくという、良い循環がずっと続いています。

スピリットダンス①

スピリットダンスを始めたのは二〇〇〇年の十二月十六日だった。だからもう十七年も続いている。

精霊から人生は楽しむこと、歌うこと、踊ること、笑うこと、そして幸せに生きることだと教えられている僕にとって、スピリットダンスは人生の大切なイベントだ。

スピリットダンスの良いところはただ音楽に合わせて自分の身体が動くままに踊ること、身体の動きを楽しむこと、ステップを憶《おぼ》えなくても良いこと、ダンスのパートナーがいらないので気楽なところだ。そこが、面白くないという人もいるだろう。

また、何も教えないので踊りは自分の身体に聞かなければならない。身体が踊りたいように踊るのだ。このように楽しみながら身体を十分に動かすダンスこそ、中年を過ぎたら健康維持のために、非常に役立つツールの一つだと感じている。

二〇〇〇年代、僕はカリフォルニアにあるエサレンによく通っていた。エサレンに滞在するのがとても楽しかったからだ。エサレンに長く滞在するためにはエサレンで仕事を見つけて働けば良いわけだが、それはビザの関係でなかなか難しいことだった。そこでエサレンのワークスタディの制度を利用して、ワークスカラーとして一カ月間、あるいは二カ月間、エサレンで働きながら一カ月単位の労働奉仕つきセミナーを受けることにした。

ワークスカラーは月ごとに世界各地から三〇人ほどが参加する。南米やヨーロッパ、アメリカなど国籍も年齢もバラバラだ。若いきれいな人たち、人生の途中で道に迷った中年たち、エサレンでワークを楽しみたい人たち、動機はそれぞれだ。

エサレンに来る人はみんなスピリチュアルな探究心があって、仲間としては素晴らしい人たちばかりで、とても楽しい。英語の勉強にもなる。日本人もたまにはやってくる。中には英語をほとんど話せない日本人のワークスカラーもいて、びっくりしたこともあった。願書はパソコンでなんとか仕上げたそうである。ガッツがある。

エサレンはスピリチュアルなことに関心をもつ人たちがほとんどであるから、そこはアメリカではあるが、普通のアメリカ人以上に親切な人が多い。ちょっとした楽園に近い場所のような気がした。

人種的な差別もなければ、誰もが自分を見つめるため、あるいはヨガや気功、マッサージなどを学ぶためにやってくるからだ。もちろん、人間関係において、どうしようもない問題を抱えて自分を見直しにくる人もいる。

毎朝早い時間に、誰もが参加できる一時間ほどの無料のモーニング・スケジュールがある。瞑想のやり方や、ヨガ、マントラ、ダンスなどいろいろなことを教えてくれる。毎日違う指導者が様々なスピリチュアルなワークを指導してくれるのだ。

エサレンに滞在している人なら誰でも参加できる。ただ、朝が早いので、寒い時期になると毎日参加するのは大変だ。また、ワークスカラーの場合は、仕事の時間になると仕事を優先させなければならない。

初めてエサレンに行った時、エレン・ワトソンのモーニング・スケジュールに参加してみた。参加者は一五人ほどだった。彼女の朝のセッションで音楽にのってダンスを踊っている時、僕はフッと、音楽と一つになった体験をした。自分が消えたような気がして、とても気持ちが良い瞬間だった。あの経験がなかったら、スピリットダンスを日本で始めてみよう、という気にはならなかったことだろう。それは一つの啓示だった。

スピリットダンス②

帰国した僕は家内と一緒に二〇〇〇年十二月に家の近くの玉川学園文化センターで、スピリットダンスの会を始めたのだった。

ただ音楽をかけて自由に踊るだけのダンス・セッションに驚いた人もあったと思う。踊り方を教えないからだ。どう踊っていいか戸惑う人もいた。

他人の目を気にして、自意識過剰で恥ずかしがる人がいるが、その人のダンスを他の人が注目しているということはない。思い過ごしそのものだ。十七年もたった今ではそんな人は徐々にいなくなり、初めて来た人でも自由にのびのびと踊り、音楽にのって自分の心と魂を解放して楽しんでいる。この二十年で人々の自由度、意識は相当に変わったのだと思う。

スピリットダンスの会は、毎月三回、一回二時間半。これには誰でも参加できる。ただ踊るだけ。ダンスが進歩するということもない。ただ、精神が開けてくる。魂が自由になる。友人関係が広がるというメリットがあると思う。

小学生から八十代のおじいさんまでがダンスにやってきてくれる。そして楽しんでいる。何の決まりもないので、自由に参加して、ただ二時間踊るだけ。資格も何もない。ダンスを一時間踊ると、中休みとして、自己紹介の時間が三十分ある。これも大切な時間だ。参加者全員の前で大きな声で自分の言いたいことを発言する練習になる。

スピリットダンスで心と魂と身体が柔らかくなると、人生そのものが軽やかになる、すべては繋がっているからだ。長く続ければ若さを保つことができる。姿勢も良くなる。老人は若返る。つまらないことにくよくよすることはなくなる。自然にスピリチュアルな知恵や考え方も身についてくる。人は自由に生きて良いのだということも仲間と接していくうちに、自然とわかってくる。人生で大切なことは何かもわかってくる。

スピリットダンスの会を続けてきて良かったことは、人々が自由な心で本当に自分のやりたいことを見つけて卒業していくことだ。同じことをいつまでもやり続けてもよい。本当にしたいことが見つかれば、そちらに進んでいくのがよい。すると、今度は新しい人がやってきて、彼らが自由に音楽とダンスを楽しみ、やがて彼らも卒業していく。なんの資格も得られないが、それでも人々はその一時《ひととき》を十分に楽しんでいる。またそこからさらに自分のやりたいこと、やるべきことを見つけて飛び立っていく。

ずっと残っているのは主催している自分たちだけだ。スピリットダンスを続けてきて、ダンス音楽を選ぶ楽しさを味わっている。外国に旅行した時も、その国のダンス音楽を探す楽しみもある。音楽は国境を越えるツールだ。トルコの音楽、インドの音楽、ウズベキスタンの音楽、ロシアの音楽、アフリカの音楽。スピリットダンスではいろいろな国の音楽を楽しむことができる。

ピースボートで世界一周の旅に出た時には、船の中で毎日一時間、スピリットダンスを踊った。僕たちが企画したのだ。大きな波にゆれるボートの上でダンスを踊ったことも、今ではなつかしく、いい思い出になっている。

毎日ダンスの会場にやってくるおじさんがいた。彼は音楽がとても心地よいので音楽を一時間聴きにやってくるのだと言った。確かにこの世には素晴らしい音楽がたくさんある。

スピリットダンスをやっているおかげで、僕はいつも良い音楽を求めてアンテナを張り巡らせている。良い音楽に出合う、これも人生の楽しみの一つだ。エサレンで自由ダンスに出合ったのは、とても幸運なことだったと感謝している。

二〇〇一年九月十一日

その日の午後十一時過ぎ、寝る前にもう一度テレビを観ようと思ってテレビをつけると、見たことのない風景が画面に現れました。飛行機が二機もニューヨークの世界貿易センタービルに突っ込んだのです。それがアメリカ同時多発テロ事件の始まりでした。

その後、世界貿易センタービルは、崩れ落ちました。真相はまだ完全にわかってはいないのですが、このテロ事件の報復として、アメリカはアフガニスタンとイラクを武力攻撃しました。それが今なお続く中東の混乱を導く原因となりました。そして、その混乱はシリアにまで及んで、深刻な破壊と難民問題を引き起こしています。

その時、私たちは数日中にハワイに行くことになっていました。友人のリチャードが新たにドルフィンスイムの会社を立ち上げ、そこのリトリートに参加することになっていたのです。事件が起こるとアメリカに行くフライトはすべてキャンセルになりました。いつ、再開されるかもわかりません。私たちは、飛行機がハワイに飛べば予定通り行こうと決めました。

幸い、私たちが行く前の日に、運行が再開されました。翌日成田に行くと、空港は閑散としていてほとんど人影がありませんでした。出国審査のゲートは一カ所開いているだけでした。飛行機には三〇人ほどしか乗客はいなくて、みんな座席のひじかけを上げて横になって寝ることができました。

ホノルルに着くと大歓迎されました。誰も来なくなったホノルル、ホテルや土産物屋さんの従業員はレイオフ（一時解雇）されて困っていました。来てくれてありがとう！とどれくらいの人から声をかけられたことか。もちろん、友人も大喜びしてくれました。

ドルフィンスイムはオアフ島の西側の海岸で行われ、イルカと泳ぐためにカヌーに乗って沖まで行きました。海辺の家で静かに過ごした数日でした。その時に知り合ったチャネラーが、タロットカードの一六番、塔が崩れ落ちる絵を見せながら、「今、これが起こったのよ、これから本当に世界が変わり始めるのよ」と言ったのをよく覚えています。

エサレンのワークスタディ

エサレンに何回か通っているうちに、夫はますます、エサレンが大好きになりました。そしてもっと長くエサレンに滞在するために、ワークスタディに行くことにしました。ワークスタディとは、アメリカのヨガ道場やリトリートセンターなどで広く行われている、その場所でワークスカラーとしていろいろな仕事を手伝いながら学ぶための制度です。

エサレンの場合は、キッチンや掃除洗濯係、農場のお手伝いなどで週に三十五時間働き、その代わりにベッドと食事を与えられ、夜にダンスやゲシュタルトのクラスで学ぶことができるというものでした。月に一〇〇〇ドルほど費用がかかりますが、太平洋に面した絶景の地にあり、食事もおいしく、滞在中に素晴らしい教師たちに出会うチャンスもあることを考えると、とてもお得な制度なのです。

また、研究所には温泉が湧いていて、一日中、いつでも入ることができます。この温泉は神聖なる水といわれ、ここはアメリカ大陸の西へのゲイトウェイ、出口だったそうです。今でもエサレンは特別なエネルギーを持っている聖なる場所なのです。

夫は二〇〇四年、初めてワークスタディに行き、一度でこの制度が大好きになりました。エサレンは、自分の魂の場所と感じたそうです。それからは毎年二カ月かそれ以上、ワークスタディに参加するようになりました。彼はその間にヨガの特訓やダンス、いろいろなヒーリングを学んでどんどん成長していきました。エサレンに行く前はヒーリングにまったく興味がなかったのに、そこでマッサージやレイキなどを学ぶうちにヒーリングの力が出てきました。今、とても元気なのは、そのおかげかもしれません。

私もその翌年、一人でワークスタディに参加しました。とても楽しい体験でしたが、これは自分が本当にやりたいことではないと気づいて、一カ月だけで満足でした。その時に仲良くなったドイツ人のモニカは六十八歳でした。私はなんとなく、自分も六十八歳になったらまたワークスタディに来ようと思いました。

スピコン（スピリチュアル・コンベンション）

この頃、スピコン、つまりスピリチュアル・コンベンションというスピリチュアル界の見本市のようなイベントが、急に盛んになりました。スピコンは小泉さん、通称テディさんが始めたイベントです。最初は仲間内の小さなイベントでしたが、あっという間にどんどん成長して、しかも全国展開するようになりました。

広い会場にたくさんのブースを作って、ヒーラー、チャネラー、各種のセラピスト、マッサージ師、占い師、そしてクリスタルなどを販売する人たちが小さな店を出して、入場者は自分の関心のあるブースを楽しむというものでした。

また、講師を招いての講演会も同じ会場で開かれていました。私は何回もスピコンに呼ばれてお話をしました。最初の頃は講演依頼を受けても、ちょっとためらうこともありました。それは、出展の中にはかなり怪《あや》しげなものもあって、そんな中に入っていいのだろうかと、自分のプライドが文句を言うことがあったからです。

でもある時、「せっかく頼まれたのだから、これからは必ずＯＫしよう」と決めました。そして、どこへでも喜んで飛んでいきました。いつも一人で行き、講演が終わるとスピコンのブースを見て回り、そして東京から遠い場所だと一泊して、翌日適当に一人で町を見てから帰京していました。おかげで、それまで行ったことのない地方都市に行くことができて、とても楽しかったです。

このスピコンは多少、ふわふわスピリチュアル、つまり、悟りや自分を知ることを大切にするスピリチュアルというよりも、天使や過去生やアロマ、ジュエリーなどの物品、チャネリングやタロットなど、普段の生活と違うファンシーな体験を求めるという感じのものが多かったように思います。

しかし、**スピコンでチャネリングやヒーリングを体験**して、それまで知らなかった世界に目を開かれた人もいたでしょう。また、それによって、多くの人々の視野と思考が広がっていったと思います。さらに地方での開催は、日本中にスピリチュアルとは何かを広めていくためにも、大きな役割を果たしたと思います。

一時は隆盛を誇ったスピコンでしたが、やがて小泉さんが退き、私とのご縁も途切れてしまいました。小泉さんはその後、スピリチュアルＴＶというインターネットテレビを開局して、日本や世界のスピリチュアルリーダーたちを招いて紹介していました。同時に彼はその人たちから熱心に学んで、悟りの境地に達したのでしょう。ご自分でもスピリチュアルTVを通して多くの人たちに素晴らしいメッセージを伝えていました。

しかしとても残念なことに、彼は二年前に倒れ、一時はもう少しで元気になるとみんなが期待していたのですが、リハビリ中に突然お亡くなりになりました。今では、あちら側から、私たちを叱咤激励《しったげきれい》しているかもしれません。小泉さん、本当にありがとうございました。

海外での講演会

海外で講演会をし始めたのもこの時期でした。初めての海外での講演会はシンガポール。私たちは結婚してすぐにマレーシアに三年間住んでいました。だから、お隣のシンガポールで講演会のお誘いを受けた時、とても嬉しかったです。外国でといっても、そこに在住している日本人のための講演会でした。最近は外国に駐在する日本人はどんどん減っているといわれていますが、二〇〇〇年当時はまだ多くて、駐在員の奥様には私たちが翻訳した本を読んでくださっている方がかなり多かったのです。

シンガポールに到着する直前、飛行機の窓から入道雲の間に美しい虹が架かっているのが見えました。私たちのシンガポール到着を祝福してもらったような気がして、とても嬉しかったものです。講演会も皆さんに喜んでいただきました。楽しい数日をシンガポールで過ごしたあと、懐かしのマレーシアに立ち寄って、旧友と再会することもできました。

その次はアメリカのサンフランシスコに住む高原操さんから、「サンフランシスコで講演会をしてください」とお誘いを受けました。いそいそと出かけた私たち。サンフランシスコ近郊の小さな会場で可愛い講演会を開いていただきました。

それをきっかけに、カリフォルニアに住むたくさんの日本人女性と知り合うことができました。そしてそれがロサンゼルスやサンフランシスコでの次の講演会へと繋がっていきました。

さらに、そこから私たちだけでなく、日本で有名な方たちがどんどんカリフォルニアに招かれるようになっていきました。今ではロサンゼルスやサンフランシスコに住んでいる方たちのほうが、私たちよりもずっと、たくさんの日本のスピリチュアル・ティーチャーと親しいのではないかと思うほどです。

二十周年記念

二〇〇五年は、私たちが翻訳の仕事を始めて二十年目でした。十年目の時に記念の感謝の会を開いたように、二十周年記念の感謝の会を開くことにしました。

十周年以後の十年間を振り返ると、最初の五年は、私が自分の中にまだ残っていた暗部や傷に気がついて、そこから自由になっていく時期でもありました。

そして次の五年間はたくさんの旅行をし、新しい挑戦をし、活動の範囲を広げていく時期でした。

翻訳についていえば、最初の五年間は途中で一年半のお休みをしたものの、『聖なる予言』や『アルケミスト』をはじめとして、ベストセラーとなった本を次々に出すことができました。次の五年間もあれこれたくさんの本を翻訳していましたが、残念なことに大きなベストセラーを生み出すことはできませんでした。私はその頃、翻訳が大好きで、翻訳をしていると幸せでした。だから、本が売れても売れなくても、あまり気になりませんでした。

二〇〇五年の感謝の会は、お世話になった編集者の皆さんや、私たちの講演会を開いてくださった方たちを中心にお招きして、十年前に比べるとかなり小規模になりました。私たちにはミュージシャンの友人もかなりいるのですが、その方たちがピアノやチェロ、歌などで花を添えてくださいました。

仕事を始めてから二十年、なんとか二人で元気に仕事を続けることができたことを、心から嬉しく思いました。そして編集者の皆さんや友人のサポートがあったからこそ、私たちも本を出版し、微力ながらも精霊と約束した**「人々の意識を変えるお手伝い」**の仕事を続けることができたことを、心から有り難く思いました。

二十年前の一九八五年の状況と二十年後の二〇〇五年の状況を比べると、精神世界、スピリチュアルな世界は大きく発展していました。一九八五年に夢見たように、二〇〇〇年までに地球を愛と平和の世界にする、というビジョンは実現しませんでした。それどころか、９・11以後は中東での戦争状態がどんどんエスカレートして泥沼化していました。

でも、見えない世界を知った人々の数は、日本でも世界でも確実に増えていました。インターネットを通じてお互いに体験をシェアしたり、助け合ったりすることも簡単になってきました。チャネラーやヒーラーやカウンセラー、セラピストなどの人たちも大活躍しています。音楽や舞台、美術や文学の世界でも新しい動きが盛んです。テレビや雑誌でも、スピリチュアルな事柄が、自然と取り入れられることが多くなっています。

だから、やはり人々の意識は大きく変わり始めているのです。そしてこれからはもっと大きく、もっと速く変わっていくのでしょう。この日はそんな嬉しい思いの日にもなりました。

動きすぎた日々

今振り返ってみると、二〇〇四年から二〇〇六年にかけて、私たちはびっくりするほど、動き回っていました。夫は大好きなエサレンに何回も通い、私はドルフィンスイムに夢中になって、やはり毎年、ハワイ島に行っていました。それ以外にも、誰かに誘われると、「行きまーす」とばかりに、日本中、世界中を駆け巡っていました。そして、自分一人でツアーに参加してイランに行ったこともありました。

日本にいる間も、講演会、スピリットダンス、音のセミナー、タロット、絵画教室、CDの録音、そして九十歳になった母の世話など、休む間もなく動き回っていました。それでも疲れなかったし、もっともっとやれそうな気がしていました。もちろん、その間に翻訳の仕事もいっぱいこなしていたのです。それどころか、自分で書いた初めての本を出版したのも、この時期でした。

そして、『ザ・シークレット』と出合ったのも二〇〇七年のことでした。この本はアメリカで大ベストセラーになっていたのですが、同年、佐野美代子さんとの共訳で日本でも出版され、私たちにとっては久し振りの大ヒットになりました。

ただ自分自身を見つめることは、多分お休みしていたのだと思います。動き回ることが楽しくて、他人のことは見えても自分自身のことは見えなくなっていたのでしょう。人にはよくお説教したり、助言をしたりしていたのですが……。

二〇〇五年、二〇〇六年の間に行った外国は、ハワイを含むアメリカに数回、イラン、エジプト、メキシコ、トルコ、インド、地中海クルーズ（皆既日食観測）とイタリアのダマヌールなどでした。そして、二〇〇七年のお正月はインドのムンバイで迎えました。

インドは三回目でした。一回目はピースボートでコーチンに寄航した時、バックウォーターと呼ばれる水郷地帯に船で行って、豪華ホテルに一泊しました。初めてのインドでは、水田で働く女性たちの姿が目に焼き付いています。

二回目は、ピースボートで知ったアートオブリビングというバンガロールにあるアシュラムの二十五周年記念のお祭りに、二五人の団体で行きました。世界中から一万人以上も集まってアシュラムは大混雑でした。

そして三回目は、友達でOSHOの弟子である山崎芳伸さんが、「山川さんをどうしてもOSHOのセンターに連れていかなければならないと思う」と言って、連れていってくださったのでした。山崎さんが案内役とはいえ、三人だけで行くインドでした。とても緊張していたのに、見事に空港で騙《だま》されました。少しお金を損しただけですんだのはラッキーでした。でも、一度騙されるとなぜか緊張が解けてしまい、インドを楽しめるようになりました。

OSHOについて、それまで私たちはあまり良い印象を持っていませんでした。哲学者として、思想家として、新しい意識の伝達者として、とても優れている人だと聞いていましたが、唯一彼について読んだ本が『ラジニーシ・堕ちた神《グル》』という、いわば彼の暗部をえぐり出した本でした。だから、実は積極的にOSHOのセンターに行きたかったわけではなかったのです。

ムンバイから飛行機で一時間ほどのプナにあるOSHOのセンターは、緑の濃い美しい公園のようなところでした。センターでは毎日、一日中、いろいろな瞑想が行われています。それに出ていれば、瞑想三昧の日々が送れますが、いい加減な思いで来た私たちは、最初の頃、町を歩いたり、ホテルで休んだり、センターに行っても何もしなかったりと、遊んでいるだけでした。

やっと最後になって悔い改めて、二日間だけ全部の瞑想をしてみました。これは良かったです。朝六時、まだ真っ暗な中をセンター行きのバスに乗って会場に行き、ダイナミック瞑想から始めました。二日間だけ真面目に瞑想をしたからといって、何も起こりませんでしたが、少なくともOSHOの瞑想を試せたのは良かったです。

山崎さんのおかげで、特別にOSHOの本を出版している責任者にも会うことができました。でも、その後、自分たちがOSHOの本にかかわりを持つことになるとは、当時は思ってもいませんでした。

インドに行く前後から、私はなんとなく、自分が動き過ぎであることに気づき始めていました。もうスケジュールがいっぱいなのに、まだそれ以上、なんとか詰め込もうとしていたのです。しかも止めようとしても動くのを止められない自分がいました。一月十四日にインドから帰国すると、すぐに忙しい毎日が待っていました。ほとんど毎日のように、スピリットダンスや講演会や約束があり、しかも本の仕事もしなければなりませんでした。

そしてさらに、スケジュール的には無謀だと知りながら、どうしても二月にハワイ島のドルフィンスイムに行きたくて、申し込んでありました。ずっと大忙しの毎日のことを思えば、その時に行くのは無理だとわかっていたのに止められませんでした。どこか、ねじが狂っていたのでしょう。

二〇〇七年二月、私はハワイ島のドルフィンスイム・リトリートに参加しました。私以外は若い女性ばかり、ちょうどリトリートの主催者である野崎ゆりかさんのお誕生日もあり、みんなで大騒ぎをして楽しみました。そして泳ぎに行く度にイルカもたくさん出てきてくれました。

でも、ハワイとはいえ二月の海は冷たくて、以前のドルフィンスイムでは最初に海に飛び込んで、最後に船に上がってきていた私も、その時ばかりは最後に飛び込んで最初に戻ってくる状態でした。しかも海の中で自由自在に泳げない私がいました。もうこれでドルフィンスイムも最後かなあと思いながら泳いでいました。

ハワイ島から帰国した翌日、東京で開かれたスピコンで講演をしました。話が終わり、質疑応答に入った時、小泉さんがやってきて私に小さなメモを渡してくれました。そのメモには、「紘矢さんが救急車で運ばれたそうです」。あれ、どうしたのかな？とそこまで読んだ時は思っただけでした。でも次に書いてあったのです。「意識はあるそうです」。

そのとたん、私の全身から血がさっと引いていきました。頭が真っ白、とはこのことでしょう。もう何も考えられずに、しどろもどろで「ごめんなさい、何かあったようです。ここで中止させて」というようなことを言って皆さんにあやまると、私はそのまま家に戻りました。

会場から我が家までは二時間近くかかりました。鍵を開けるのももどかしく家に入ると、誰もいない。一体、夫はどこに行ったのでしょう？　仕方なしに、消防署に連絡して、夫がどこに運ばれたのか教えてもらいました。次にその病院に電話すると、「もうその人は帰りましたよ」と言われました。一体、何が起こったのでしょう。どうなっているのでしょうか？

するとしばらくして、夫がニコニコして帰ってきました。もう泣いて良いのやら怒って良いのやら。よく聞いてみると、その日、スピリットダンスに行ったところ、急に気分が悪くなって自分で救急車を呼んで病院に行ったのだそうです。病院に行った頃には気分もかなり良くなっていて、大丈夫だと言われて、またダンスの会場に戻って踊ってきたのでした。

ヤレヤレ、何はともあれ、無事で良かった。でも、これは私にとって、かなりのダメージになりました。「意識はあるそうです」というのはあまりにもショッキング。生きるか死ぬか、というほどひどいのか、と思ってしまったのでした。

その翌日は、けやき美術館のお話会でした。お話会は無事に済みました。ハワイの話、前の日の話など、面白い話はいっぱいあって、多分、気分良くお話ししたのでしょう。でもさすがに疲れてしまいました。

そしてその夜、夕飯が終わった頃、つまらないことで夫と口論になりました。すると急に胸が苦しくなって、同時に部屋中がぐるぐると回り始めました。胸は経験のないほど苦しく、胃はむかむかしていました。そしてぐるぐるしためまい。そして強い吐き気。夫もどうして良いかわからずに、いつもこんな時に頼りにしている石橋貴子さんに電話をすると、彼女はすぐに飛んできてくれました。そして救急車を呼んで病院にともかく連れていってもらうことになりました。

救急病院では点滴をしてもらってやっと落ち着き、めまいが治まってから家に戻りました。たいしたことはない、と思ったのかもしれません。翌日も講演会の予定があり、まだふらついていましたが一人で出かけました。ところが講演をしている間、またしても胸苦しさと吐き気がおそってきて、途中退場になりました。主催者の方には本当にひどくご迷惑をおかけして、それ以来、許していただけずにいます。本当にごめんなさい。

それでも私はまだ、自分の身体が異常を来《きた》しているとは思わなかったのです。さすがに、これまでのように毎日何かで出かけるようなスケジュールはなくなりましたが、きちんとお医者様に行くこともせず、自分の身体を大切にしようとも思わずに毎日を送っていました。

そのうち、また忙しくなってきた時、今度はけやき美術館のお話会の会場に着いたとたん、胸苦しくなって床に倒れてしまったこともありました。カナダのバンクーバーでは、車に乗っていて胸苦しくなり、慌てて車を止めてもらって外に出たこともありました。その頃には、胸苦しさなどの発作の予兆が出ると、静かにじっとしていればそのうち治ってくることがわかってきました。そして単なるめまいだからそのうち良くなるだろうと、相変わらず軽視し続けていました。

その年（二〇〇七年）の八月中旬のことでした。二人の姉が外国旅行に行って留守の間、もうすぐ九十二歳の誕生日を迎える母を私は泊まりがけで世話をしていました。その日の朝、朝ご飯を作っている時に、違和感をおぼえました。例の胸苦しさとも少し違うフラフラ感。なんとかそれを我慢して食事を用意し、母と一緒に食べ始めようとしたのですが、とても無理。トイレまで行って、そこで倒れてしまいました。起き上がることすらできません。

そんな私を見て、母はおろおろするばかりでした。姉たちもいないし、なぜか夫も家にいませんでした。海外にいる姉に必死で電話をする母がかわいそうなのですが、自分はどうすることもできませんでした。

しばらくして、母のために予約していた整体の先生が来てくださいました。トイレの前に倒れたまま、私がまず先生に治療していただき、やっとなんとか立ち上がることができました。そして、そろそろと動くことができるようになったのでした。

この事件が起こってやっと、私はお医者様に行かないといけない、と思いました。それに、ひどい飛蚊症《ひぶんしょう》が起こって、少し上を見上げると、渡り鳥がどっと飛んでいくように見えました。

どこに行けば良いのかわからなかったので、ともかく近所の内科に行きました。でもふらつきや胸苦しさの原因はわかりませんでした。そして、「眼科に行きなさい。それと脳外科にもね」と言われました。お医者様に行ったことのない私が、急にあちこちに行かなければならなくなったのです。

幸い、脳外科では「大丈夫、何も問題はありません」と言われました。次に眼科に行くと、飛蚊症はそのうち治るけれど、右目がおかしい。「多分、緑内障でしょう」と言われました。恐ろしい病名を言われてびっくりでした。そしてそれと同時に、今度は歯痛が起こり、右の頬がこれ以上腫《は》れるのは無理、というくらい腫れ上がりました。そのうち、今度は耳がおかしくなりました。だから、歯科と耳鼻科にも通い始めました。

頬の腫れは時間はかかりましたが、無事に治まりました。目は検査の結果、初期の緑内障であることがわかりました。

お医者様は眼圧を下げる強い目薬を処方してくださいました。耳は左耳の聴力が落ちていて、しかも耳管が開きっぱなしになっているか閉じっぱなしになっているかしているようでした。音がいつも頭の中でびんびんと響いていたのです。

それを治すために、いろいろな薬を試したのですが、どれも効果がありませんでした。

薬など、何十年も飲んだことがないのに、この時は一度に二、三種類ずつ飲んでいました。しかも、そのどれも効果がないので、次の時は違うお薬を出していただく、といった感じでした。二カ月くらいそんなことを繰り返していたのですが、ついに「もう薬では駄目だ。つらいけれど、このまま我慢していよう」と決心して、先生に治療の中止をお願いしたのでした。

さらに困ったことに、なぜか鬱っぽくなってきました。それまでも疲れ切っていて、時々機嫌が悪くなったりしていたのですが、今回は機嫌が悪くなるというよりも、ネガティブで不安な気持ちになってしまったのです。ついに夕方になると一人でめそめそと泣いているような状態になってしまいました。

その時、夫はエサレンでの何回目かのワークスタディに行っていて留守でした。それも二カ月滞在する予定でした。私がひどい鬱になったのは、ちょうど一カ月目が終わる頃、あんなにエサレンが大好きな夫に、私のために帰ってきてとは絶対に言えない、と思っていました。でも、友達が「帰ってきてもらわないと駄目よ」と強く助言してくれて、勇気を振り絞ってアメリカに電話をしました。

最初、あと一カ月滞在するともう決めたのに、チケットだって一カ月先なのにと言って嫌がっていた夫も、やっと一カ月が終わったところで帰国する決心をしてくれました。

私はまだ、夫に何かを頼むことが苦手だったのかもしれません。まだまだ自己否定のクセが残っていて、自分のために他の人に何かしてもらうのが、とても心苦しかったのでしょう。夫が帰国してくれるのは嬉しかったものの、罪悪感に駆られてもいました。

そして、いつ頃から自分が鬱状態になったのか思い出してみると、緑内障の目薬をさし始めてからだとわかりました。お医者様にそのことを話すと、「この薬で精神的に鬱になったという話は聞かない」と言われましたが、でも、他の薬に変えてくれました。夫が帰ってきてくれたこともあり、それからは私の鬱状態はやっと良くなり始めたのでした。

このように自分のことで大騒ぎしている最中、急に母の具合が悪くなりました。九十二歳の誕生日まではとてもしっかりしていたのに、その日を過ぎてから認知症の症状が現れ始めたのです。一緒に住む姉が全部を取り仕切ってくれましたが、あまり役に立つわけでないけれど、私も何かできないだろうかと思って、母を見舞う日が続きました。

母の前で私が倒れたことも、母の認知症の引き金のひとつだったのではないかと、申し訳なく思いました。その後、九年間、母は姉の手厚い介護を受けていましたが、今年の一月に、百一歳で大往生しました。

がんの疑い

こうして一体、本当はどこが悪いのか、原因がわからないまま、耳も目も一種の老化現象なのだろうと諦めていました。ふらつきと耳鳴り、聴力の低下、そして緑内障と、それぞれの問題は互いに無関係だと思い込んで、耳鼻科や眼科に通っていましたが、今思うと多分、身体全体がバランスを崩していたのでしょう。

そしてついに、最初に倒れてから一年たった頃、乳がんではないかというしこりに気づいたのです。さすがにこの時は、すぐにインターネットで調べて信頼できそうなクリニックに行きました。超音波でしこりを調べてくれたお医者様は、「典型的ながんではないので、しこりを切り取って調べなければなりません」と言いました。そして、「胸を強打したことはありませんか?」とも。

胸を強打したことは思い出せませんでした。そして、しこりを取るというのも、その時の痛みを思っただけで、こわくてやりたくありませんでした。すぐに予約をと言われても、「また電話します」と言ってそのまま帰ってきました。

私は常々、がんになっても自分は慌てないよね、と高慢にも思っていました。ところが、がんの可能性が少しある、と言われただけで、がっくりしてしまいました。自分では平気だ、と思っていたのに、全然平気ではありませんでした。その日から、どんどん身体も心も弱ってしまったのです。

姉にだけこのことを話すと、「がん研のお医者様を紹介するわよ。乳がんになったお友達はこうなのよ」と話してくれました。さあ、どうしましょうか。

次に、がんをご自分で克服した寺山心一翁先生に相談しました。「年齢からいって、そんなに急に悪くなることはないはずです。まず、断食をしてみましょう」といろいろな資料を送ってくださいました。すぐにその通りにしました。

もう一人、やはり信頼している九州の吉丸房江さんにも相談しました。電話口で、私の身体を先生がスキャンしているような感じがしました。そして「それはがんではないと思う。大丈夫」とおっしゃって、身体に良いものをいっぱい送ってくれました。

私は、自分の身体の声に必死になって耳を傾けました。身体が言うには、痛いのはいや、頑張るのもいや、自然にしておいてください、でした。結局、私は何もしないことを選択しました。そして、しばらく自分は塀の上を歩いていようと決めました。一方はがん、一方は健康の間にある塀の上で、どちらに落ちるかはわからないけれど、今はそこを歩いていよう。健康のほうに落ちれば万歳だし、万が一、がんのほうに落ちてもその時にどうするか考えよう。そう思ったのでした。

そして、それは大正解でした。無事に健康のほうに落ちたのでした。

数年後、私は突然、ある場面を思い出しました。清里（山梨県）のダンスリトリートに参加した時に、踊っているうちに一〇人近くの人が私の上に重なってきました。その時、みんなで無言の行《ぎょう》をしていました。だから最初は何も言ってはいけない、と思って少し苦しかったけれど、「どいて」とは言いませんでした。

ところがどんどん苦しくなって、このままでは圧死するかもしれない、と思った時にはすでに声が出なくなっていました。幸い誰かが気づいてみんなが私の上からどいてくれて事なきを得ましたが、胸を強く圧迫されてずっと痛かったのです。多分しこりは、その時にできた血腫《けっしゅ》で、先生が「胸を強打したことはありませんか？」とおっしゃったのは、まさにこのことだったのでしょう。やがて血腫も小さくなり、今では何も残っていません。

しかし、その間にも私の体調はどんどん低下していました。どこが悪いかもわからず、疲れがひどく元気がないほかには、ふらつきと目と耳の不調があるだけでした。だから、普通の生活はできていましたし、仕事もなんとかこなしていました。でも、明らかにおかしかったのです。そして、しめた！　やっと病気になれた、これでネガティブな思考ともお別れできる!!　なんて喜んでいる自分がいました。実は、私はずっと、病気になってはどんどん心の成長をしていく夫がうらやましくてたまらなかったのです。そのほうがずっと簡単なのに、と思っていたのです。ところが……。

本当のところは、「この病気や体調から脱するには、私の心を変えなければならない。結局、私の心が起こしている病気だから」ということもわかっていました。

夫とはつまらないことでケンカをすることがよくありました。自己卑下《ひげ》や私なんて、という思いグセや、夫に対する競争心も相変わらずでした。九九パーセントは自分を認め、愛するようになっていましたが、時々そんな気持ちが出てきていたのです。それを捨てようと何回試みたことか。あまりにそれが難しくて、「もう私は、このまま悟らなくてもいい。九九パーセント自分が好きであれば、いいじゃない」と諦めたこともありました。

原因が心なのだとわかったからには、行く先はお医者様ではなくて、カウンセリングやヒーリングです。だからこの時期、いろいろなワークショップに通うことになりました。

まずは体力回復

まずは、すっかり衰えてしまった体力を回復する必要がありました。ここ数年、がむしゃらに動き回っていて、身体を十分に休めたり、自分のために時間やお金を使ったりすることを忘れていたのかもしれません。あちこちおかしくなり、がんかもしれないというところまでいって、やっとそのことに気づいたのです。そして「ゆっくり休ませて。のんびりさせて」という身体の声を聞くことができました。

少しは仕事を減らしたとはいえ、まだまだ講演会や地方への出張はありました。そんな中、屋久島に移住したみつ子さんが個人向けのリトリートをやっていることを知って、早速申し込みました。ともかく身体を休めたいので、楽なスケジュールにしてね、とお願いしました。

最初は一人でゆっくりしたいと思ったのですが、夫も行くと言うので二人で行きました。素敵な一軒家に泊めていただき、食事はみつ子さんが全部手配してくださり、毎日違う温泉に行き、後は滝を見に行き、海にボートで出て、山の中を少しだけ歩きました。みつ子さんにエサレンマッサージをしていただき、相談にも乗っていただきました。しみじみと、自分があまりにも動きすぎていたこと、人に甘えるのが下手なことに気づきました。そして、仕事のことも家のことも考えずに自然を味わい、人のお世話になってゆっくりすぎていく時間を楽しむことが、どれほど素晴らしいかを学んだのでした。

ジャーニー

次に、私はジャーニーというワークショップに出合いました。このセミナーを知った時、直感的に「これこそ私のためのセミナーだ！」とひらめいたのです。二〇〇八年の七月末にこのセラピーの創設者であるブランドン・ベイズさんが来日してこのワークショップを行うことを聞き、参加することに決めたのでした。

二日間のセミナーの一日目、大きな会場は満員でした。ステージに現れたベイズさんは、金髪のどっしりとした感じの女性でした。ジャーニーの創設者であると同時に、インドのパパジの弟子でもあるそうです。ということは、アルーナ（リア・バイヤース）の姉妹弟子なのでしょうか？

彼女は心身に関するカウンセラーの仕事をしていたのですが、ある時、急にお腹が膨れ始めました。人々に健康について教えるカウンセラーという仕事についていたので、最初はそれを隠して仕事を続けました。でも、どんどんお腹は膨らんで、隠しきれなくなってしまいました。仕方なくお医者様に行くと、骨盤の中にバスケットボール大の腫瘍《しゅよう》ができていて、それが内臓を圧迫している、手術をしないといけない、と言われました。

でも、彼女は手術ではなく自分で治したいと考え、医者と交渉して手術を一カ月、待ってもらうことにしました。「**すべてのことは理由と目的があって起きる**と信じていました。病《やまい》や身体的な障害が私たちに教えようとしていることを学び、細胞の中に蓄積されている感情的な問題を手放して初めて、肉体的にも、感情的にも、スピリチュアルにも、あらゆるレベルでの真の治癒が始まるのです」と彼女は著書の『ジャーニー』（ナチュラルスピリット刊）に書いています。

彼女は一カ月の間に大きな腫瘍を癒やすために役に立ちそうな、自分が今まで学んだあらゆる分野の方法を試しました。信頼のおける友人に相談もしました。そして、素晴らしいマッサージセラピストに出会い、彼女のマッサージを受けている間に、ベイズさんはずっと忘れていた子供の頃のつらい体験を思い出しました。

そしてその時に自分が感じた激しい感情を再体験したのでした。その当時も、それからもずっと、なかった振りをして隠し通してきた感情でした。そして、その感情の原因を作った両親を許した時、彼女はその激しい感情を手放せたと感じました。驚いたことに、その日から腫瘍は小さくなり始め、ついにはなくなってしまったのでした。

この体験をベイズさんは他の人たちのために役立てたいと思い、ジャーニーというプログラムを作りました。そして世界中でワークショップを開いて教えていました。日本ではその年が初めてだったそうです。

彼女の体験談と、ジャーニーのプロセスの説明があった後、実習が始まりました。二人一組になり、一人が配られた資料に書かれている文章を相手に向かって読みます。そして最初の問いかけが行われます。

私のパートナーになった人は若い女性でした。彼女は優しく私に語りかけてくれました。私は彼女の声に合わせて自分の心の中に入っていきました。そして彼女が私に問いかけました。

「今感じている一番強い感情は何ですか？……」

そのとたん、私はある激しい感情を抱きました。身体がわなわな震えるほど、声がうまく出なくなるほどの、強烈で恐ろしいような、それまで体験したことのない感情でした。恐怖と似ているけれど、少し違いました。なんと名付けて良いのかわかりませんでした。

でも、その感情をいつ、自分が体験したのかは、一瞬のうちに思い出しました。六歳の頃の思い出でした。

母は私を教育大付属の小学校に入れたがっていました。それも、弟をその学校に入れたかったので、その前に姉である私が入学していれば、弟のために都合が良いから、という理由でした。

六歳の私はただ、母が入学試験に行きなさい、というので何が何だかわからずに行っただけでした。そして、私は不合格でした。それがわかった日、母は病気で寝ていた父の枕元に私を呼びつけました。そして、三十分位もあなたは不合格になった、けしからん、と怒鳴りつけたのでした。

その場面を私はとてもよく覚えていました。それもなぜか斜め上から見た情景としてです。父が寝ていてその枕元に母がいて母の前に私が座っている情景でした。

でも、覚えていないのが、その時に自分が感じていた思いでした。そして、今やっと、私はその時に感じていた名付けようのない感情を思い出し、味わい始めたのでした。

「その感情をもっと大きく広げて、優しく受け入れましょう……」

パートナーの声にしたがって、私はその強烈な感情を味わい、そして受け入れました。するとと次に別の感情が起こってきました。そしてまた同じことを繰り返していくと、最後に、不思議なことにとても穏やかで平和な気持ちが私を包みました。そこが私の中心でした。激しい感情の奥には、平和で静かな場所が存在していたのでした。

そして、パートナーの誘導にしたがって、私は感情の層の最初のところまで戻っていきました。その途中で六歳の頃の自分に戻り、キャンプファイヤーを囲んで母と父と話し合いました。母にその時言えなかった思いを伝え、父にも助けてくれなかったことが悲しかったと伝え、そして二人を許したのでした。

元に戻った時、私はこのプロセスをする前とは違う人間になったように感じ、興奮していました。すごいことが起こったのです。私はそれまでも何回か自分で自分に隠していた秘密を発見しては、それまでとは違う自分、もっと軽く、生まれた時の自分にもっと近づく、という体験を経てきていたからです。

翌朝、目が覚めた時、私は自分がとても大きな障害を取り除くことができたのだと、感じました。それと同時に、昨夜名付けることのできなかった恐ろしい感情が、「おびえ」の感情であることに気づきました。あまりにも苦しくつらかったので、幼い私はその気持ちをきちんと体験せずに、直ちに封印してしまったのでしょう。だから、今まで体験したことのない感情だと思ったのです。

そして、母に叱られている間、母の激怒に恐れをなした私は、おそらく幽体離脱状態だったのでしょう。虐待を受けた子供には、よくあることかもしれません。緊急避難というか……。だから、私の記憶は両親と自分の姿を斜め上から見た情景だったのです。

それまで私は、少しでも非難されたり、文句を言われたりすると、どうしてよいかわからなくなり、自分が全否定されたように感じていました。相手が親しい人でなければ、その気持ちを押し殺して、表面的には平気を装っていました。相手が親しい人、特に夫である場合は、ひどく傷ついて怒りを感じ、かっとして怒りをそのまま口にして、ひどい口論になりがちでした。

私の中にあった「おびえ」の感情が他人からの非難や文句によって刺激され、私は六歳の頃の傷ついた自分に戻ってしまって、自分を守るために必死になったのです。ところが、六歳の時の「おびえ」の感情をジャーニーのプロセスによって解放できたとたん、そのようなことはぴたっと治まってしまいました。

夫はそれまでのクセで、「こう言えば亜希子を怒らせることができる」と無意識で知っている言葉を投げかけてくるのですが、それに対して私は冷静に答えるか、時には笑って対応し始めたのです。そのうち、夫もつまらなくなったのか、それまでの辛らつな言葉をあまり口にしなくなりました。

夫は常日頃、「お前さえもっとまともだったら、僕たちはもっと平和にやっていけるのに」と言い続けていました。私は自分にいろいろ問題があるとは知っていましたが、そう言われるとやはり反論したくなっていました。でも、自分の「おびえ」がなくなってからは、夫との関係がとても平穏になったのをみて、「やはり原因は私だった」と認めざるを得ませんでした。

それにしても、母に叱られた時のトラウマを思い出しただけで、こんなに二人の関係が、そして私の人生が変わるとは驚きでした。そしてジャーニーとの出合いに感謝したのでした。

バーラサイババのアシュラムに行きました

その二カ月後、今度はインドまで行きました。インドの中部にある大都市、ハイデラバードというところにバーラサイババというグルのアシュラムがあり、そこに住んでいる日本人の女性からメールが来たのがきっかけでした。超能力者で病人を治してしまう、という話を聞いて、私の病気も治してほしい、ぜひ目を良くしてほしいと思い、夫と二人で出かけたのでした。

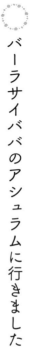

バーラサイババのアシュラムは、ハイデラバードの町中にありました。有名なところかと思ったのですが、空港から乗ったタクシーの運転手さんは知らなくて、アシュラムを探すのに苦労していました。やっと見つけたアシュラムは、小さな路地に面した宿舎と聖堂からなるあまり大きくない建物で、住んでいる人はドイツ人がほとんどでした。

以前に行ったアートオブリビングのように、広大な敷地にたくさんの宿舎や聖堂が点在する場所を想像していた私たちは、かなりびっくりしました。住んでいる人も二〇人足らず、二十歳くらいの可愛いドイツ人の女性から、年配の人たちまでみんな静かに暮らしていました。

そこでの三週間、一体何をしていたのでしょう？　私は身体を癒やしに行ったつもりだったのですが、毎日質素な食事をいただき、朝と晩に聖堂で神やサイババをたたえる歌を歌う礼拝に参加するだけでした。しかも、聖堂での礼拝に行く前は、水を浴びて身体を清めなければなりません。毎日二回、冷たい水を浴びながら、これではかえって病気になりそう、と思ったものでした。

バーラサイババは、若いサイババとも呼ばれていて、日本でも有名なサティヤサイババと風貌は似ていますが、まったくエネルギー的には違うように感じました。バーラサイババは空中からいろいろな物を取り出す、つまり物質化することができて、アシュラムにやってきた人に必ず金や銀の指輪やネックチェーンをくださるそうです。

でも、同じ建物の中に住んでいるのに、彼の姿は滅多に見られませんでした。三週間いたのに、四、五回会っただけでしょうか？　時々、夜に彼がお出ましになる会合が開かれました。私たちは毎晩、その会合のために正装して入り口で待っていなければなりませんでした。その日、会合があるかどうかはバーラサイババしだいでした。二時間も三時間も待った揚げ句、「今日のお出ましはありません」と言われることのほうが多くて、いつもがっかりしていました（またはほっとしていました）。

サイババさんがお出ましになって会合が開かれると、サイババさんと歌の上手な女性が、際限もなくインドの歌謡曲を掛け合いで歌い続けるのを、私たちは有り難く拝聴しているだけでした。時々、バーラサイババは指輪を物質化して、参加者の誰かに与えました。

私もある晩、指輪をいただきました。彼が私の名前を呼び、空中で指をくるっとひねると、キラッと何かが光って指輪が現れました。そしてその指輪は私の指にぴったりでした。デザインも可愛くてとても気に入りました。今でも大切にしていますが、その指輪をはめていると、何か守られているような気持ちになります。不思議ですね。

彼は肉体を持った神さまだと言われています。ジブチ（白い神聖な灰）を出したり、指輪を出したり、または信者に祝福を与えて幸せにしたり、神さま的な要素も持っている方なのでしょう。

ただ、目に見える神さまって、ずいぶん不自由だなあ、と思いました。神さまは私と一緒にいていつも見守ってくださっていると私は信じているのですが、その神さまが肉体を持っていて、あの人を見たり、この人ににっこりしたり、私のほうを向いてくれたりする度に、自分がいろいろ反応することに気づいたのです。自分のほうを向いてくれると嬉しがり、今日は一度も見てくれなかったと残念がり、なかなか大変でした。だからやはり神さまは見えないほうが良いなあ、と思ってしまいました。

ここで私が悟ったかとか、何かを得たとか、健康になったとか、今でもよくわかりません。少なくとも、目は残念ながら良くならず、自分についての新たな発見もありませんでした。面白い体験だったな、というくらいでしょうか。でも、やはり仕事も家も、何もかも忘れて、インドの空気の中で過ごした時間は貴重だったと思います。

EFT（エモーショナル・フリーダム・テクニック）

自分の心と体を癒やすために、当時の私は人から勧められて興味を感じれば、どこにでも行こうという気持ちでした。自分を知るプロセスを始めたのは、そもそもセミナーに参加したのがきっかけでしたが、それ以降、新たなワークショップやセミナーに参加したり、ヒーリングなどの技術を学ぶための講座に通ったりすることはほとんどありませんでした。

それも、「おびえ」の感情という私の中に巣くっていたブロックを取り除き、感情の面では本当に楽になって平穏な毎日を送れるようになったのに、身体のほうはなかなか良くならなかったからでした。

そして出合ったのはＥＦＴでした。タッピングといって、指先で頭や顔の八カ所のツボを軽くたたいて、ストレスや痛みを軽減していく方法です。これはドルフィンスイムの師匠、野崎ゆりかさんが紹介してくれました。

基本的なことを教わってから、二人一組になってお互いにタッピングし合っていた時でした。私は背中の痛みを取るために、パートナーにタッピングしてもらっていました。すると突然、とても悲しい思い出が突き上げてきて、私は泣き始めてしまいました。

パートナーはおろおろして途中でやめようとしたのですが、私はかまわずに続けてとお願いしました。その時、私が感じた悲しみは、三十代の頃に勤めていた会社でいじめに遭った時のつらい思いでした。そんな思いはもうどこにも残っていない、と思っていたのに、まだ私の中にあったのでした。それをもう一度体験し、タッピングで浄化してもらうと、とてもすっきりしました。そして、会社でのあの大変だった出来事は、完全に私の中から消えたのでした。

タッピングは私の目のためにも良かったようです。それによって目が良くなる、というわけではなかったのですが、目が見えにくい時、つらい時にタッピングするととても楽になりました。

ファミリー・コンステレーション

こうして、いろいろなかたちで私は自分の中にある抑圧されていた感情、私を苦しめていたトラウマを解消していきました。一回にひとつずつ、まだるっこいプロセスでしたが、確実に効果がありました。感情的には私はどんどん楽になっていたのです。でもまだ身体のほうは十分に回復していませんでした。それに、夫との関係もまだ、すっきりしていませんでした。母との関係ももう少し見る必要がありました。

そこで登場したのが、ファミリー・コンステレーションというワークでした。これはドイツで開発された手法で、家族一人ひとりとの関係を星座のように配置して、そこにある問題をあぶり出していくというものでした。

まず、自分が解決したいと思っている問題について説明し、それからその問題に登場する人物を決めて、それぞれの人物の代理をしてもらう人を選びます。その後、自分はここ、母はここ、父はここ、というように、代理役の人をそれぞれの場所に配置していくのです。その配置を見て、ガイド役の先生が問題のありかと解決法を見つけ出す、という感じでした。

私の問題は夫との確執でした。そして、家族を配置してみると、私は夫の代理役の背中にぴったりと張り付くように、自分の代理役を配置したのです。もう、それだけですべてをもの語っていました。つまり**私は彼に依存し、逃げられないようにつきまとっていた**のでしょう。そこから少しずつ、もつれていた糸がほどけ始めたのでした。

ファミリー・コンステレーションは、何よりも楽しかったです。ちょっと演劇のような要素がありました。自分の問題を他の人が演じている間、その様子を見ながら、自分や自分と家族との関係を客観的に見ることができて、多くのヒントがもらえました。また、自分が誰かの代理役をしていると、自然にその人の気持ちになったり、または身体が反応したりしました。人は繫がっているのですね。

もう少し勉強したほうが良いですよ、と先生が勧めてくださったのですが、当時は動くのも大変な時だったので、そのままになってしまいました。

これだけいろいろやっていくうちに、私の心はとても平和になっていきました。身体もまだ万全とはいえませんが、かなり回復しました。こうして癒やしの二〇〇八年は過ぎていきました。

ピースボートで南極へ

その頃、ピースボートで南極へ行くクルーズがあることを知りました。地球一周のクルーズには、北回りと南回りがあります。前回は二〇〇三年に、スエズ運河とパナマ運河を通過する北回りのクルーズに乗りました。そしていつかもう一度、機会があればアフリカの希望峰を回り、南アメリカのマゼラン海峡を越えて南太平洋の島々を訪れる南回りのクルーズにも乗りたいと思っていたのです。

南回りで、しかも南極まで行くクルーズとあっては行かないわけにはいきません。ただし、三カ月もかけて世界一周をする気力はありませんでした。それに翻訳の仕事も詰まっていました。すると、飛行機でアルゼンチンまで行き、そこから船に乗って南極に行く、つまりクルーズの後半だけ乗るツアーがあるのを知り、早速申し込みました。

大きな船のままなので、南極に行ったとはいえ、それほど陸地に近づくこともなく、もちろん、南極の地に降りることもありませんでした。でも、素晴らしかったです。私は厚い防寒着を着て、ずっと甲板に出て南極の海と浮かんでいる青い氷、そして南極の青い空と白い雲に目をこらしていました。どんなに見ていても飽きなかったのが不思議です。

時々、流氷の上にペンギンがいました。一度は船のすぐそばに大きなアザラシがやってきて、目と目が合いました。そのアザラシはゆっくりと船の下をくぐって、反対側に頭を出しました。そして、虹も出ました。南極の虹は、滅多に見られないそうです。ところがこの時は、三回も虹が出たのです。祝福されているように感じました。

次の寄港地はイースター島。そこでも見事な虹が出ました。イースター島はモアイ像で有名です。人々が競争でたくさんの像を造り、それを運ぶために島のほとんどの木を伐採したことによって、この島は滅亡したともいわれています。

その後はタヒチ島、ニューカレドニア、オーストラリアのケアンズ、そしてパプアニューギニアのラバウルに寄航しました。南太平洋を航海している間、毎朝、日の出や朝焼けが見事でした。ある朝、虹と日のかたちをした彩雲《さいうん》を見た時、夫はそれを自分への啓示と感じて、自分の体験を書き始めました。それが彼のロングセラー、『輪廻転生を信じると人生が変わる』です。

そして、夕方になると、ほとんど毎日、素晴らしい日没と夕焼けを楽しむことができました。海しか見えない船の上ですが、退屈することはまったくありませんでした。

ラバウルからは一路北上して横浜港へと向かうのですが、その途上には太平洋戦争の激戦地の島々が散らばっています。この航海は、戦争で亡くなった方たちを慰霊する旅でもありました。硫黄《いおう》島の傍《かたわ》らを航行した時には、島を一周してそこで亡くなった多くの方々をしのびました。

ところで、**グリーンフラッシュ**をご存じですか？　太陽が現れる直前に、または太陽が沈んだ直後に、緑色の小さな光の玉が見える現象です。その話は聞いたことがありましたが、実際にどのようなものか、わかりませんでした。

ある日の夕方、私は甲板で太陽が沈むのを見ていました。西の空には雲ひとつなく、水平線がくっきりしていました。太陽がどんどん水平線に沈んで小さくなっていき、姿を隠した一瞬、美しい緑色の小さな光の玉が、太陽が沈んだその場所に現れました。そしてまた一瞬のうちに消え去りました。隣で見ていた人に、「見えました?」と思わず聞いてしまいました。彼女も緑色の光を見たのです。多分、それがグリーンフラッシュだったのだろう、と思いました。

さらに数日後、今度は朝早く、甲板で日の出を待って太陽が現れる場所をじっと見つめていると、水平線にふっと、緑色の光の玉が現れました! またグリーンフラッシュです。そしてすぐに太陽が水平線上に姿を現したのでした。

海の上では星空も美しく、虹もよく見えました。ただぼんやり海をながめているのが、私は大好きでした。すると、自然と瞑想状態になって、心が平和になるのでした。

4

人生を楽しもう

さて仕事

帰国すると、次の翻訳の仕事が待っていました。ペニー・ピアースの『**人生を変える波動の法則**』（ＰＨＰ研究所）です。波動の法則は、二〇〇七年に出版された『**ザ・シークレット**』の**「引き寄せの法則」**を超える次の法則だと、ペニーは書いています。彼女は、私たちの三十年来の友人です。十年くらい前までは、毎年来日しては多くの人に素晴らしいメッセージを伝えているチャネラーでした。最近は来日することもなく、アメリカでもっぱら著作活動をしています。私は彼女と仲良しだし、本人から「この本を翻訳してね」と言われたので、難しい本でしたが、頑張りました。

ペニーは、「あなた個人の波動が、理想の生活を作り出すための最も重要な道具なのです。エネルギーの波動が高く速くしっかりしていれば、人生はその人の運命に沿って楽々と流れていきますが、低く遅く乱れていると、問題や不満だらけの人生を生み出すのです」と本の最初で語っています。そして、『ザ・シークレット』の「引き寄せの法則」を超えた法則が「波動の法則」だと言いました。

　この本は二〇〇九年にアメリカで、二〇一〇年に日本で発売になりました。もちろん、それ以前から「すべては波動である」ということは言われてきましたが、この本を読んだ時、波動がすべての元だという説を、とても新鮮に感じました。

　それが七年後の今、「すべては波動であり、自分の波動によって人生は変わってしまう」というのは、ほとんど常識になっていて、私自身、講演会では波動についてよく話しています。その広がりの速さはさすがに二十一世紀ですね。

　その頃から講演の依頼も再び多くなってきました。というのは、私が体調を崩したのと同時に、講演会の数はぐっと減っていたのです。それも自分でコントロールしたわけではなく、自然と減ってしまったのです。それも多分、私が出している体調不良の波動のせいだったのでしょう。そして、私が元気を回復して、身体と心の波動が上昇してきた時それをキャッチして、また講演の依頼が増えたということかもしれません。この時を境に、また新しいページが開かれた感じでした。

引き寄せの法則①

「引き寄せの法則」はロンダ・バーンの著書『ザ・シークレット』が発端だった。日本での翻訳本の発売が二〇〇七年の十月であるから、もうかれこれ十年ほどになる。この間にどれほど多くの引き寄せ関連の本が出たことだろう。

精神世界関係においてはベストセラーの本がない時期であったから、「引き寄せの法則」はひとつのブームといっていいほどだった。ロンダ・バーンは、まずDVDを発売した。このDVDの中で、名のある成功者たちに、この「引き寄せの法則」の素晴らしさを語らせたのだ。この中では、成功の秘密は長い間、秘密として隠されていたということで、『ザ・シークレット』という題名にしたのだった。

この成功の秘密を使って成功した歴史上の人物として、プラトン、シェイクスピア、ニュートン、ユーゴー、ベートーベン、エマーソン、エジソン、アインシュタイン等の名前を挙げて、彼女は彼らが使ったのは「引き寄せの法則」だったとした。そして、あなたもこの「引き寄せの法則」をマスターすれば、必ず成功できると宣伝したのだった。

手に入れたい最新型の車も、美しい湖畔の住宅も、理想的なパートナーも、自分の欲しいものは何でも手に入れることができる、もしあなたが、長い間極秘とされていた秘密、「引き寄せの法則」をマスターすれば、というのだった。

そもそも、この「引き寄せの法則」は、二十一世紀になって初めてその秘密が明らかにされたということではなくて、「思考は実現する」という百年も前から言われていた法則を、表現を変えて、いかにもそれらしく、ロンダ・バーンがプレゼンテーションしたものだった。決して新しいものではない。“The law of Attraction”という言葉は、昔からあったのだ。

おそらく、この時代に何らかの役割があって、現れたものだろうと僕は思っている。自分の欲しいものが簡単に手に入る法則があれば、誰もが知りたくなるはずだからだ。

＊

『ザ・シークレット』の翻訳を僕たちが手がけるようになったのは、偶然ではなかったような気がする。そもそも偶然なんてこの世にはない。見えない宇宙の意思に従って、この世の出来事はすべて執り行われているのだと僕は思っている。

二〇〇七年のある日、僕はふっと思った。きっと、英語の原書を読んで、それを日本語に翻訳をしてみたいと思っていても、どのように出版社を見つけたら良いのか、翻訳の権利を得るのはどうしたら良いのかがわからず、なかなか本を出すきっかけがつかめない人がいるのではないか、そんな人たちに、どのようにしたら本を出すことができるか、僕の知っている範囲で教えてあげたいと思ったのだった。

そのような気持ちが、その時どこから湧いてきたのかはわからない。もともと人のお手伝いをしてあげたい、人の助けになりたいという気持ちがどこかにあったのだろう。そこで、いつもスピリットダンスやなまけ者読書会の時に使っている玉川学園文化センターの一室を予約して、説明会を開いてみることにした。

僕にできる奉仕活動の一つにでもなればよい、何か人に役立つことができればという思いからだった。自分の本の出版体験を人に語れば、誰かの参考になるかもしれないと思ったのだ。当日、玉川学園の会場に集まったのは七、八人はいたのではないかと思う。

その後、出席者の個人的な夢や希望、語学力、文章力なども聞いて、それぞれに合ったアドバイスを与えていた。その会の終わりに、一人のにこやかな女性がやってきて相談に乗ってほしい、と言った。彼女は『ザ・シークレット』のビデオを見て素晴らしいと感動し、その本も出ているので、ぜひ自分が翻訳したいのだけれど、自分には翻訳の実績がないので、出版社が翻訳をさせてくれない、どうしたら良いのでしょうか、と聞いてきたのだった。

「その本の版権はどの出版社が持っているのですか」

と聞くと、彼女は、

「角川書店が権利を取ったと聞いたので角川書店に頼んではみたのですが、翻訳家ではないので、相手にしてもらえないのです」

と言うのだった。たまたま角川書店には僕の知っている編集者もいることから、問い合わせてみたところ、「山川夫妻であれば、ぜひ翻訳をお願いしたい」ということだった。しかし、翻訳をしたいと言っている女性がいるのに、僕たちがそれをすんなりとやらせてもらうことはできない。

そこで、「実はもう一人、翻訳者として参加させていただけないか」と提案してみると、出版社側は認めてくれたのだ。そんなことがあって『ザ・シークレット』は、翻訳者が三人の共同翻訳になった。

その女性が佐野美代子さんで、ご主人は外交官だという。実は僕自身が若かった頃、在マレーシア日本大使館で外交官を三年したことがあった。そんなことからも佐野さんに縁を感じたのだった。

彼女はプロの同時通訳者であるから、英語はお手の物である。ただ、通訳者の日本語訳と、翻訳者の日本語訳には微妙なずれがある。話し言葉と書き言葉の違いのようなものだ。しかし、外国で育った佐野さんは、すいすいと翻訳をしてくれたのだった。

＊

引き寄せの法則は、欲しいものを頭でイメージして、あたかも手に入ったと実感すれば、何事も引き寄せることができるという優れた法則である。できることなら、ぜひマスターしたいものだと誰もが思うことだろう。僕たちはマインドの使い方ひとつで、すべてを手にすることができるのだ。これは人間の欲望にかかわる成功本であって、人々の意識の拡大や意識の向上、あるいは覚醒に関することとはあまり関係がないといえるかもしれない。しかし、成功本であってもどこかでスピリチュアルなことに繋がっているものなのだ。僕たちが平和を願えば、平和が手に入る。素晴らしいことだと思う。

僕はこの成功本が人々の意識の変化に深いところで関係していると思っている。僕たちが強く願うことは実現するのだ。自分が何を願っているのか、自分をよく見なければならない。成功するためには自分の中に起こっていることを、しっかりと見なければならないからだ。

＊

「引き寄せの法則」は、本に書いてあるほど簡単ではない、そこがまた、素晴らしいと僕は思う。「引き寄せの法則」を学んでいるうちに、この法則は「引力の法則」に似ていると気づいてほしい。「引力の法則」は地球上のあらゆる場所で働いている。「引き寄せの法則」も実のところ、誰の人生にも、いつも働いていると気づけば、素晴らしいことだ。

本当のところは、人生に起こってくることは、ただ起こっているのではなく、自分が創造しているのではないだろうか？　もし、僕たちが、自分の人生にやってくることは良いことも、悪いこともすべて自分が引き寄せていると気づいたら、どうだろうか？

「自分自身が自分の人生を創造している」

「自分の人生は自分の思い次第で、すべてを引き寄せられる」

このことに気づいたら、どんな人も、人生そのものが変わるだろう。「引き寄せの法則」を本当に理解すれば、あなたは人生を自分の思う通りに変えることができる、ということもわかってくる。それをじゃましているものは何なのだろう、と考えてほしい。

そしてまた、「引き寄せの法則」とは「波動の法則」でもあること。あなたの出している波動に従って、同じ波動のものがあなたに引き寄せられてくるのだ。あなたは自分の波動を上げることによって、人生をより良く変えることができる。なんと素晴らしい「人生の法則」なのだろう。

何か欲しいものを引き寄せよう、などという小さな欲望から、素晴らしい人生を創造しよう、ということになる。そのためには、まずは幸せになることだ。幸せになると僕たちは気分が良くなる。気分が良くなると、「引き寄せの法則」が正しいことがわかってくる。

そして、あなたの波動はますます上がる。そうなると宇宙に対する感謝が自然に生まれて、喜びの中に生きるようになる。あなたの人生に良いことがどんどん起こってくるのだ。『ザ・シークレット』を研究していけば、必ずそこまでいくだろう。それこそが最大の『ザ・シークレット』なのだ。そういう意味では、「引き寄せの法則」を学ぶことは、とても素晴らしいことだと思う。この本が、二十一世紀の初めに出版された本当の意味は、こんなところにあるのだと思っている。

引き寄せの法則②

さらには『ザ・パワー』で愛とは何かを学び、『ザ・マジック』では感謝を学ぶというように仕組まれている。愛と感謝を学べば、あなたの波動は自然に上がり、あなたの望むものすべてが、あなたに引き寄せられてくるだろう。あなたは幸せになる。これこそが「引き寄せの法則」の「秘密」なのである。

本の中では歴史上の人物の名前が挙げられていたが、彼らは確かに「引き寄せの法則」をどこかで知っていたに違いない。ロンダ・バーンは、宇宙の意思によって動かされて、この『ザ・シークレット』をたくさんの賢人、成功者たちを巻き込んで、映画をつくり、本を書かされた、という解釈もあり得るのだ。

あなたはどう思いますか？　宇宙の意思が働いていると思いませんか？

起こっていること、起こること、それは一体誰が起こしているのだろうか？

僕が佐野美代子さんと知り合って、『ザ・シークレット』を翻訳するようになったということは、一体、どういうことなのだろう？　僕は偶然ではなかったと思っている。この世に偶然は何ひとつない。このことがわかれば、人生は違ったものになるだろう。人は誰もが宇宙の神さまのエージェントなのだ、と僕は思うのだ。

家の建て直し

次に、二〇〇九年の十月頃から懸案だった家の建て直しに取りかかりました。古い家はいろいろ問題があり、「大地震が来たら、この家はつぶれるだろう」と夫と話していたのですが、なかなか建て直す決心がつかずにいました。それが急に動き始めたのです。

それまで、私たちは新しい土地を探していました。今のところは道路から少し引っ込んでいたので、もっと道路に面した土地が欲しかったのです。ところが、なかなかそのような場所は見つかりませんでした。

ある日、すぐ近くのお宅を見せていただきました。二面が道路に面している素敵なお家でしたが、家の中に入れていただいて感じたのは、道路に面していると、とても落ち着かないなあ、ということでした。家に戻ってくると、はっとわかりました。そうか、私たちは家が道路から少し引っ込んでいることを欠点だと思っていたけれど、実はとても良い点だったのだと。道路に面していないおかげでかなり静かだし、何よりも気持ちが落ち着くということに、やっと気づいたのでした。

ここは三十年前に精霊が探してくれた土地です。いわば神さまの土地。それなのに私たちはその土地の意味を十分に理解せず、また感謝もせずに、文句を言っていたのです。そして、その日、私たちは古くなった家を壊して、新しい家をこの土地に建てる決心をしたのでした。いいえ、決心というよりも、そうあるべきだということに、やっと気づいたのでした。

それからすぐ、若い建築士さんに設計をお願いして、設計図が完成しました。どこの工務店に施工をお願いしようかと思っていた時、私が腰痛を起こしました。腰痛など本当に数年ぶりでした。あまりのつらさに治療師である友人の荒木さんに、「治療をお願い！」と電話したのですが、彼女ときたら、「あ、この週末、友達の家に遊びに行くから、その後でね」と言って、さっさと電話を切ってしまいました。

こんなに痛いのに、なんて薄情な友人なんだろうと思いましたが、仕方なく腰をかばいながらなんとか週末をやり過ごして、やっと彼女が治療に来てくれました。

ところが……彼女は私の治療などそっちのけで、友達の家がどんなに素晴らしかったか、素晴らしい理由はその家を作った工務店が素晴らしいからなの、と興奮してまくし立てるのです。そして最後に「次に私が家を建てる時には、絶対にその工務店にお願いする」と言いました。

「待ってよ、あなたは家を建てたばかりじゃない。私はこれから建てるのよ。その工務店を紹介してよ」と私も負けじと叫びました。なんといってもその工務店は、我が町田市にあるというのですから。

こうして素晴らしい工務店にも出合いました。もちろん、腰痛はすぐに治りました。すべてはうまくいくようにできているのです。そして、その工務店の波動と私たちの波動はぴったりでした。まさにお互い引き寄せ合ったとしか思えません。

そして十二月には仮住まいする公団住宅に引っ越し、古い家があっという間に壊されました。もう、建っていたのが不思議なほど傷《いた》んでいたそうです。そして、いよいよ翌年の一月から新しい家の建築が始まったのでした。

翻訳を始めて二十五年感謝の会

二〇一〇年は忙しく過ぎていきました。仕事は順調で、本も翻訳と自著を数冊出しました。それに、講演会やリトリートなどで全国各地を訪ねるなど、病気になる前と同じ感じでしたが、無理はしないように自然にブレーキをかけることができるようになっていました。

七月には新しい家が完成して引っ越しも無事に終わり、木の香りのする気持ちの良い家での生活が始まりました。

二〇一〇年は、翻訳を初めて二十五年目の年でした。それまで、十年目、二十年目に、ささやかな「感謝の会」を開いてきました。その伝でいけば、次は三十年目になるはずでしたが、二十五年目だと気づいた時、ふと「四半世紀仕事を続けてきたのだから、それを記念してやはり感謝の会を開きたい」と思いました。

夫はそのアイデアに無関心でしたが、私は自分の好きなようにすることにしました。そして、いつも相談に乗ってくれる石橋貴子さんに、手頃な会場を探してとお願いしました。なぜか、彼女は講演会やパーティーの会場を見つけて予約をする天才なのです。一週間もすると、適当な会場が見つかりました。後は招待する人を決め、招待状（といってもメール）を出して、出欠をまとめるだけです。

私には一人だけ、どうしても来てほしい人がいました。私たちを見えない世界、精霊の世界へと導いてくれたアルーナ（リア・バイヤース）です。彼女なしには私たちのこの二十五年はあり得ませんでした。どうしても来てほしい、せめて招待状だけは出してみようと決めたのでした。

彼女はその時、南米のウルグアイに住んでいて、そこでスピリチュアルな共同体を作ろうとしていたのですが、うまくいっていない様子でした。ウルグアイから日本まで来るのは遠すぎるかもと思ったのですが、彼女に連絡すると、「ぜひ参加したい」という返事が来ました。ウルグアイからのチケットは私たちが持ち、東京での宿泊は我が家で、ということで彼女は来日することになりました。

十一月の末にパーティーの数日前に来日した彼女は、我が家でチャネリングの個人セッションをしました……。ここまで書いてきて、二十五年前、アルーナが初めて来日した時と、同じことが起こっていたことに、今やっと気づきました。

二十五年前は近くのホテルに彼女は泊まりましたが、その時も個人セッションを我が家で行い、通訳は私がしました。しかも、十一月末という時期まで同じです。二十五年でひとつの循環が完結したのかもしれません。宇宙の完璧な計画そのものを示しているのかもしれません。私が二十五周年をしたいと突然思ったのも、アルーナにぜひ来てほしい、と思ったのも、それは私の思いというよりもっと大きな存在の思いだったのかもしれません。

アルーナは十年くらい前にも来日して、数年、大阪や沖縄に住んでいました。いつもどこかで、自分が住むべき場所は、住みたい場所は日本だと感じていたようです。感謝の会が終わってからも、彼女はしばらく我が家に滞在し、町田での講演会や新宿での個人セッションをして、またウルグアイに帰っていきました。その時すでに、彼女はうまくいかなかったウルグアイのプロジェクトを諦めて、日本に住む計画を立て始めていました。そして、翌年、二〇一一年三月に来日することにしたのでした。

十二月五日の感謝の会のパーティーには、たくさんの方が来てくださって、にぎやかで楽しい会になりました。音楽家の友達が、ピアノ演奏や歌、チェロの演奏などで盛り上げてくれたり、三十年前からの友人も多数来てくれたりと、まるで同窓会のようでした。やって良かった、楽しかったと、幸せいっぱいな一日となったのでした。

そして、この二十五年を振り返ると、私たちが目指した世界はまだまだ実現してはいないけれど、人々の意識は大きく変わったように感じました。何よりも、ずっとそのために仕事を続けてこられたことに深く感謝したのでした。

まだ自分を一〇〇パーセント許せない、愛せない私

こうして二〇一〇年が終わり、年が明けて二〇一一年になりました。この年はどんな年になるのでしょう。まだ誰にもそれはわかりませんでした。

一月末、私はある雑誌のお誘いで、香港のカウンセラー、アリスさんから、カウンセリングを受けるチャンスをいただきました。体調を崩してから五年、心のブロックを外したいと思って、いろいろなことをしてきました。その結果、心も身体もかなり健康になったのですが、目の調子はあまり良くありませんでした。だから、このお話をいただいた時、目を良くしたいというのが、私の望みでした。

アリスさんのカウンセリングは、雑誌社の小部屋で行われました。会社のあるビルに着くと、向こうから小柄な女性が歩いてきました。アリスさんでした。挨拶をして、二人でビルに入っていく時、アリスさんが私に言いました。

「あなたは目を良くしたいのね。目を良くしたかったら、**一〇〇パーセント、自分自身を許し、愛さなければ駄目**よ。あなたそれができる？」

どうして私の話を聞きもしないのに、そんなことがわかるのでしょう？　お見通しだと思いました。そして私は返事に詰まりました。そんなの無理、と思ったのです。まだ自分を完全に愛することができそうにない自分に気づき、とてもがっかりしました。

三十年くらい前に「自分自身を本当に好きで愛していれば、この世に問題はまったくなくなるのだよ」とデイビッドに教えられて以来、私の人生の目的は、まさに自分を完全に愛せるようになること、でした。そのために本当に真面目に取り組んできたという自負もありました。

でもまだ九九パーセント、いや九九・九パーセントしか、自分を好きになっていませんでした。そして残りの一パーセント、または〇・一パーセントを退治するのは、至難の業に思えていました。もうこれくらいで良い、一生悟れなくても私はもう十分。時にはやけになってそううそぶいたりもしました。

もし本当にそう思えていれば、多分、その時に私は悟ることができたのかもしれません。でも、私はもう十分と言いながら、自分を完全に許すことはできなかったのです。

ただ、「一〇〇パーセント、自分自身を許し、愛さなければ駄目よ」というアリスさんの言葉は、私の胸にしっかりしみこんでいました。

二〇一一年三月十一日、東日本で大地震

二〇一一年三月八日、私たちは湯河原に行きました。スピリットダンスに来てくださった女性が、「私はここで働いています。一度、温泉にいらしてくださいね」と誘ってくださったからでした。湯河原の町中にある「旅館ふかざわ」（現在は「湯河原リトリートご縁の杜」）が彼女の職場でした。そこで大歓迎されて、ご馳走をいただき、温泉を楽しみ、翌日は近くの梅園を見に行きました。ちょうど満開、お天気は最高、まさに桃源郷に遊んでいる気分でした。たくさんの人が梅を楽しみに来ていて、誰も彼も幸せそのものでした。良いなあ、なんて日本は平和で素晴らしい国なのだろうか……、梅の香りに酔いながら、そんなことを思っていました。

湯河原から帰って二日目、私たちは家でゆっくりしていました。午後、新聞を読んでいると、激しい揺れにおそわれました。長く激しい揺れでした。すぐにテレビをつけ、東北

地方で大きな地震が起こったことを知りました。そして津波……。

世界がじっと息を潜めているかのようでした。東京ではバス以外の公共交通機関がすべて止まって大混乱、帰宅困難の人たちであふれかえりました。そして恐ろしい津波の後に、もっと恐ろしい原発事故がやってきました。

こうして一日のうちに、湯河原で感じた桃源郷のような幸せな世界から、地震と津波と原発事故が起こり、たくさんの人が犠牲になる世界へと、一転したのでした。

第十二の予言

その年、二〇一一年十二月、ジェームズ・レッドフィールドの『第十二の予言』（角川書店）の日本語版が出版されました。『聖なる予言』シリーズの第四作目です。アメリカでの発売は二〇一一年一月でした。かなり前から、マヤ暦によると二〇一二年十二月二十一日頃に「アセンション」が起こるという話が盛んに喧伝《けんでん》されていました。その時に人々の意識変革が起こる、古い世界から新しい世界へと転換する、人々が高次元の世界へと移行するなど、人によって説明の仕方は違いましたが、この時をもっていよいよ新しい世界が始まるという説でした。

ところがジェームズは、**『第十二の予言』**の中で、このアセンションは二〇一一年の春に起こると書いています。『聖なる予言』シリーズは、どれもフィクションの物語です。主人公が何ものかに導かれて旅に出て、そこで様々な危険に遭遇しながら、真理と智慧を学んでいく物語なのですが、『第十二の予言』では、主人公はアリゾナ州のセドナからエジプトのシナイ半島へと向かいます。そして時は二〇一一年。そこでアセンションが二〇一一年に始まることを教えられるのです。

この物語がアメリカで出版された時、まだ東日本大震災は起こっていませんでした。ジェームズがこの本を書いたのは、それよりももっと前だったはずです。それにもかかわらず、まさに二〇一一年の春、東日本大震災が起こりました。この大震災は多くの人の考え方や気持ちや生きる意識を深く変えてしまいました。直接被害を受けなかった地方の人たちや外国の人々でさえ、地震や津波の映像を見て激しい衝撃を受けたはずです。そしてそれがその人の生き方を変えたこともあったでしょう。

『第十二の予言』の原書を読んだ時、ジェームズが言っている二〇一一年の春とは、3・11のことに違いない、と思いました。

地震や津波もこの世界の終わりのごとくに感じられましたが、次にやってきた原発事故は、まさに日本の将来を変えるほどの大事故であり、世界的に大きな影響があることも確かでした。『第十二の予言』では、最後にテロ集団が小型の原爆を手に入れて、それを爆発させようとします。それもこの本と日本で起こった災害に、何かの符号があるように感じました。ジェームズは予言者なのだろうか、と思ったものです。

震災の後、私たちはお互いに助け合うことの大切さを身にしみて知りました。原発についても深く考える人が多くなりました。人生で何が大切か、真剣に考え始めた人も多かったのではないかと思います。人々の意識が変わって、もっと愛と平和に満ちた世界がやってくる兆しのようにも見えました。

しかし、今では経済至上主義、軍備拡張、言論統制、安保法案など、七十年も逆行するような政治が行われ、それに拍手喝采する動きも感じます。こうした動きはとても残念なことですが、自分自身の内側を平和にすることが平和に繋がる、ということを忘れないようにしたいと思います。

『第十二の予言』をまだ読んでいない方は、ぜひ一度、読んでみてください。

二〇一二年、金環日食、そしてアセンション

震災から一年たち、私の生活は、本の仕事、スピリットダンス、講演会、地方での講演会やリトリート、時々海外へと、忙しい毎日でした。おかげ様で、私の健康状態も良くなり、夫に至っては、結婚してから経験したことがないくらい元気になりました。

この年の五月二十一日、日本各地で金環日食が観測されました。東京では午前中に起こったのですが、幸いよく晴れ上がって観測日和でした。私は自分の家の床に寝転がって、そこで日食を最初から最後まで楽しみました。それまで皆既日食は、三回体験していました。一九九八年にベネズエラで、二〇〇三年に地中海で、二〇〇八年に中国、上海近郊でです。いずれも遠い国までえっちらおっちら出かけていったのに、今回の金環日食は自宅で見ることができたのです。なんという幸運、なんという贅沢《ぜいたく》でしょう。

太陽と月が一直線に並ぶという天体ショーは素晴らしいとともに、占星術で見ると大きな意味を持っているようです。この金環日食はどんな意味を持っていたのでしょうか。

金環日食を見て思ったのは、皆既日食とはまったく違う、ということでした。第一にあ

まり、あたりが暗くなりません。月の影の周りから、太陽の光が見えるからです。皆既日食の場合は、太陽が完全に月の影に隠れてしまいます。だから太陽から直接光が届かなくなり、あたりは夕暮れのように暗くなりました。そして、暗くなった空には惑星がいくつか、輝いていました。その時の神秘的というか、宇宙的というか、厳粛な雰囲気と風景には、思わず手を合わせてしまうような感じでした。そして感じたのは、皆既日食を実際に見なければ、この感覚や思いは体験できない、ということでした。

もし、自分の家で皆既日食を見ることができたら、どんなでしょう。でも、皆既日食のもう一つの素晴らしさは、太陽と月だけでなく、空の変化、身辺の変化です。ベネズエラでは三六〇度、見渡す限り開けた場所で見ました。だから、空の様子も地上の風景も、心ゆくまで観察し、味わうことができました。

月に隠れた太陽、その周囲に広がるコロナ、空は暗い濃紺になり、地平線の近くは淡いピンク色に染まっていました。二度目の地中海の時は、何しろ海の上で観測したので、その時も三六〇度、空から海全体の変化を逐一観察できました。皆既日食はやはり、そのような場所で見たほうが良いのかもしれません。

それにしても、皆既日食も金環日食もこの人生でしっかり見ることができたとは、私は運が良いと思います。それも、自分からというよりも、誘ってくれる人がいたからこそ。人からのお誘いにはできる限り、これからも乗っていこうと思います。

そして二〇一二年十二月がやってきました。その頃にはスピリチュアルに興味のある人たちは、いよいよ**アセンションがやってくる**と言って、大騒ぎでした。私も「アセンションって何ですか？」「私たちはどうなるのですか？」という質問を何回も受けました。実は私はほとんど何も知りませんでした。マヤ暦にも興味がなかったので勉強したことがありません。アセンションについて書いた本を読んだこともなかったのです。ジェームズの本などから、少しだけ知っている程度でした。

ただ、質問されると、「みんなの意識変革が起きて、人類が平和な方向へと向かう時」とか、「私たちが死んだり、身体がなくなったりすることはないでしょう」などと答えていました。何かが起こるとはあまり思ってはいなかったと思います。

でも、その一方で、みんなが突然、目覚めたら良いなあ、と思っていたことも確かでした。そして、アセンションの当日、十二月二十一日、何も起こりませんでした。単なる普通の日だったと思います。なぜか、二十三日には音楽家のケンユーさんと一緒に、「アセンションセミナー」を行ったと日記にありました。何をしたのでしょうか？

でも、やはりある種のアセンションは起こったのかもしれません。それまで頭で学んできた宇宙の真理や智慧、スピリチュアル的な観念、天使や精霊、チャネリングなど、特別なことに思えていたことが身について普通のことになり、その思いや智慧が日々の生活に生かされ始めるのがアセンションなのかもしれない、と思ったからです。

生きる土台がスピリチュアルな智慧になるといってもいいかもしれません。その後の動きを見ていると、それは正しいのかもしれません。もちろん、まだまだ生きていくにはお金と地位と権力が一番だ、自分がうまくいかないのは人のせいだ、社会のせいだ、などと言って、自分の本質に気づかない人たちのほうがずっと多いと思います。でも、自分の本質はエネルギーだ、魂だと気づいた人、見えない世界の存在を知り、それこそが本質であると気づいた人たちは、この時を境により深くその智慧を自分の中からくみ上げて、それをそのまま生活に生かし始めたのではないでしょうか？

そして自分自身のことを振り返ってみると、この頃からまた、次の流れに乗り始めたようでした。

人生を自在に楽しもう

二〇一三年、アセンションだと騒がれた直後にもかかわらず、この年もいつもと同じように始まりました。しかし、この年を振り返ると、新しいことがたくさん、私には始まっていたことに気づきます。

一月からは、数カ月前に知り合った皇村昌季《おおむらまさき》さんから、ラージャヨガを習い始めました。洞窟で修行しているヨギが身体を鍛えるために行うヨガとのこと、普通のヨガのように難しいポーズをしなくても、たとえば両手を合わせて力を入れて五呼吸、手を離して元に戻して五呼吸、というように、緊張と弛緩を繰り返すヨガです。

身体の硬い私向きのヨガでした。一年間、教えていただき、その後は、毎朝十分間このヨガを続けています。

ずっと通っていたマッサージの先生からある時、「脚にずいぶん良い筋肉がつきましたね」と褒められました。以前と違うのは、このヨガを毎日やっていることだけです。毎日運動することの大切さと、このヨガの効果がよくわかりました。

一月の末には、台湾に行きました。前の年に、夫の『輪廻転生を信じると人生が変わる』の中国語版が出版されました。それも台湾と中国本土の両方ででした。それで台湾のニューエイジセンターから、「講演会とセミナーをしてほしい」と言われたのです。残念ながら、台湾では知名度ゼロの夫、講演会もセミナーもお客様がまったく集まらなくて、一度はキャンセルになってしまいました。でも、すでに台湾行きのチケットを買ってしまったので、「遊びに行きまーす」と言って二人で出かけました。

結局、センターのデイビッドと本を出版してくださった世茂出版社が交代で、ずっとアテンドしてくれました。デイビッドはアメリカで勉強しているので、英語がぺらぺらで、気持ちの良い青年でした。夫の本を見つけて翻訳し、出版までしてくださった世茂出版社の女性は、日本語が達者でした。だからまったく言葉には不自由なく、ずっと楽しく過ごせました。

そして、お茶会一回と夫の講演会が一回、開かれました。どちらにも日本語または英語が話せる人たちが集まって、精神世界について、いろいろな質問が飛び出して楽しかったです。講演会は、夫が日本語で話して、台湾語のできる日本人の青年が通訳してくれました。彼が通訳に詰まると、日本語のわかる人たちが会場から応援したりする、とても和《なご》やかな集まりになりました。

台北《タイペイ》の本屋さんにも行ってみました。すると、日本人の著者の本が数多く、中国語版になっていました。特に経営関係の本が多いようでしたが、台湾と日本のこうした繋がりが嬉しかったです。私たちの本も同じ出版社から三冊ほど、翻訳出版していただいています。最近は、本田健さんの本がアジアで人気があると聞いていますし、日本発の精神世界関係の本もアジア各国で読まれ始めているようです。

私たちはずっと欧米の精神世界関係の本を日本語に翻訳してきましたが、そろそろ今度は日本から発信するようになっていくのでしょう。


三月には、マルタ島に行きました。私は時々、理由もわからずに「ここに行きたい」と思うことがあるのですが、マルタ島もそうでした。地中海の小さな島です。急に行きたくなってツアーに申し込みました。それをスペインのマドリッドに住んでいる友達、百合香さんに話すと「私たちも行きたい」と言って、早速マドリッドの友達を集めて私たちと同じ時にマルタ島に行く計画を立ててしまいました。

ところが、なんと、私たちが申し込んだツアーは、参加者不足でキャンセルになってしまったのです。もし、自分だけが行くのだったら問題はないのですが、スペインの友達との約束がありました。どうしようか、丸一日考えた揚げ句の結論が、「私たちもマドリッドにまず行って、そこからみんなと一緒にマルタ島に行こう」という計画でした。そしてこれは大成功でした。みんなとずっと一緒にいられて楽しかったし、ツアーよりも料金も安くてすみました。

マルタ島は、中世時代、イスラム軍に対抗するための十字軍の後を継いだマルタ騎士団が置かれた島です。ヨーロッパ各国から集まった騎士たちが、アラブ人からヨーロッパを守るためにバレッタという町を作り、駐留していたのです。マルタ共和国の首都バレッタは、まさに中世の堅固な城塞都市そのものでした。一行十数名は、私たち夫婦以外は全員マドリッド在住の日本人女性でした。バレッタの町を歩き、大昔の遺跡や中世そのままの小さな町や美しい風景を楽しんだあと、翌日はマドリッドに帰るという日のことでした。

隣の島ゴゾ島観光に行きました。ゴゾ島の中心部には素晴らしい大聖堂がありました。そこを見学していると、鐘が鳴り始めました。普通、教会の鐘はそれほど長く鳴り続けませんが、この時は十五分位ずっと鳴り続けていました。まるで演奏会のようでした。私たちを大歓迎しているかのよう。いや、大歓迎してくれていると、皆大はしゃぎでした。教会の裏手には見事な風景が眼下に広がっていました。鐘の音を聞きながらその風景をながめていると、一陣の風が吹いて、あっという間に夫の買ったばかりの野球帽を飛ばしてしまいました。ああ、大好きな帽子だったのにと悔やんでも後の祭り、帽子は崖下のどこかに行ってしまったのでした。どうしてこんなことが起こるの？

するとと、百合香さんが別の帽子をプレゼントしてくださって、一件落着。夫も元気になりました。

その日、ゴゾ島からホテルに戻ると、私たちの部屋はきれいに掃除されていて、しかもビニール袋に入れて棚に置いていた荷物がなくなっていました。多分、チェックアウトしたと勘違いして、掃除係の人が持っていってしまったのでしょう。大切なものはなかったのですが、やはり慌てました。その情報が広まり、みんなで荷物の捜索を始めました。ホテルの係の人も巻き込んで、やっと荷物の一部は掃除係の部屋から見つかりましたが、かなりの物がなくなっていました。

それを知って、スペイン語の堪能な友達がホテルの支配人に抗議し始めました。支配人の失礼な態度に立腹した友達は、だんだん激高してきてついには大ゲンカになってしまったのです。私たちはおろおろするばかりでした。なんと、警察まで呼ぶ大騒ぎになった末に、なんとか状況はおさまり、おかげで私はすでに捨てられてしまったものをコンビニで買うお金をホテルに弁償してもらうことができました。

でも、こんなに私のためにケンカまでしてくれた友達に、どのようにお礼をしたら良いのでしょう？　みんなそれは一生懸命してくれたのですから。

一件落着の後、マルタ料理のレストランでワインとお料理にみんなで舌鼓を打っている時、ひらめきました。「そうだ、**みんなにリーディングをしてあげよう**」。

その夜、一人ひとりのために、前世やこれからの人生についてのアドバイスなど、精霊からのメッセージを書き取りました。私の場合は、その人の名前を書いただけで、精霊は的確な情報を送ってくれます。

そのリーディングを一人ひとりに手渡しました。ある人は、そのリーディングが的確であることにびっくりし、ある人は精霊の「愛しています」という一言に、これまでの苦しみがすべて癒やされた、と伝えてくれました。精霊は素晴らしいのです!!

私の荷物がなくなったことから、リーディングまでのこの一連の事件は、マルタ島の旅にそれまでとは違う意味を与えてくれました。単なる観光旅行ではなくて、多くの人にとって自分自身をさらに深く知るための旅になったのでした。

ほとんどの人がマルタ島にかかわる前世を持っていました。前世を知ることによって、そして精霊からメッセージを受け取ることによって、それまで持っていた問題やつらい思いを解消できた人さえいたのです。

私たちのマルタ島との繋がりも、精霊に教えてもらいました。それによると、夫も私もマルタ騎士団の一員として、マルタ島に駐在したことがあったそうです。その時、ヨーロッパから来た私たちは、マルタ島民を馬鹿にしていたのでした。そのカルマがこの旅で噴出したのです。

夫はお気に入りの買ったばかりの帽子を飛ばされ、私は荷物をなくし、最後はせっかく買ったおいしいジャムを空港の手荷物検査の時に没収されてしまったのでした。そして、こうしてやっとマルタ島での過去生のカルマを返すことができたというわけでした。

輪廻転生が本当かどうか、よくわかりません。でも、なぜ、私が突然、マルタ島に行きたくなったのか、なぜ、いろいろな事件が旅行中に起こったのか、前世でマルタ島にいたからだとすると、なんだか楽しくなります。マルタ島と自分たちの関係、一緒に行った人たちとの関係が、とても重層的に時代と地理を越えた物語を持っていると知ると、歴史や自分自身に対する見方が変わってくるのではないでしょうか？

さがみ健康クラブ

その年の四月後半にあったスピリットダンスの時、当時、ダンスによく来てくださっていたさくらさんが、話し合いの時間にこんなことを発表しました。

「相模大野（神奈川県相模原市）の相模女子大学グリーンホールに行ったら、五月六日に多目的ホールが空いているのを見つけました。何かできるかと思って、予約してしまいました。映画会でもやろうかと思っています」。五月六日まで二週間しかない時でした。

それを聞いて、私は、ついお節介にも言ってしまいました。

「映画会も良いけれど、二週間でできるかしら？　私たちの講演会なら、簡単だと思う」

まあ、**また誰か見えない存在に言わされた**のでしょうね。

そしてあっという間に、五月六日に相模大野で私たちの講演会を開くことが決まりました。そしてたった二週間の準備で一五〇人以上の方が来てくださいました。これって普通では考えられないことなのです。私たちの話のあと、最後にスピリットダンス。大勢の人がステージに上がってきて、みんなで踊りまくりました。自分の座席で踊る人も、それは楽しそう。会場が一つになった瞬間でした。

この集まりがきっかけになって、さくらさんは「さがみ健康クラブ」を立ち上げました。そして月に一回、相模大野の会場でビッグな方々の講演会やワークショップを開いています。中健次郎さん、保江《やすえ》邦夫さん、矢作《やはぎ》直樹さん、内海聡《さとる》さん、池川明さん、秋山佳《よし》胤《たね》さん、野口勲さん、萩原孝一さんなど、私だったらドキドキしてしまうような方々を、さくらさんはごく自然体でお呼びしてしまいます。

都心ではこのような方々の講演会はよくあるのでしょうが、相模大野という我が家の近くでこうした講演会を開いてくれて、本当に嬉しいです。そして、こんな遠くまで講演をしに来てくれる先生方にも感謝です。

野菜作り

僕は家庭菜園が好きで、何か野菜を育てていると心が満足するような気がする。

今の家を選んだ最大の理由は、家の東側の庭が小さな畑になっていたからだった。

今では家の東側のその小さな菜園、ベランダだけでなく、徒歩二分の距離にある貸し農園を二区画、一二坪ほど借りて、そこを家庭菜園として楽しんでいる。町田市に引っ越してから三十年になるが、最近、やっと僕なりの農業のコツをつかんだような気がする。

夏はキュウリ、ナス、トマト、アスパラガス、モロヘイヤ、つる菜、ニンジン、枝豆、冬は大根、キャベツ、ブロッコリー、莢《さや》エンドウなど何でも作ってみたいものを作っている。かなり良くできるようになったのだ。

僕の得意作物はサラダ菜だ、朝、ラジオ体操とウォーキングの後、畑でサラダ菜を摘《つ》んできて、採れ立てをサラダにして食べる。とても健康的だ。

実は僕の中には、もっと本格的な畑が欲しいという気持ちがある。けれども、今以上、作物が採れたらどうすればいいのだろう。今でもたくさんできすぎて困ることがあるのに。亜希子は野菜を無駄にしてはいけないという心理的負担を感じているようなのだ。あまり同じものをたくさん作らないでほしいと言われる。

作物は採れる時にはどっとなるけれど、長続きはしない。これまでも、畑で作物を作る僕なりの学習があった。ＥＭ菌農法もやってみた。高橋呑舟さんの「アートテン農法」も試してみた。

「アートテン農法」はとてもミステリアスな農法で、畑の四隅に宇宙からのメッセージを転写したカードを埋めると、畑が特別なエネルギーに覆われてイヤシロチになり、素晴らしい野菜ができるというのだ。未だその効果はわからないが、楽しい農法といえる。「効果はあなたが畑に十分、愛を注いでいるか否かによって決まる」というのだ。愛を注げば、すべてはうまくいきます。そしてうまくいくかどうかの責任はすべてあなた次第。まるで僕が信じている人生の生き方そのものだ。

今年は昨年と比べて畑のできが良い。「アートテン農法」のおかげかどうかはよくわからない。その他にも、いろいろ試しているからだ。吉良セイショーから取り寄せた有機肥料の「キラエース」が効いたのだろうと思っている。吉良先生も不思議な方で、彼がいろいろ説明してくれることは皆目、理解できない。しかし、畑に微生物が多くなって、畑の土が良くなれば、作物は自《おの》ずと元気に育つのだろう。

家庭菜園は無農薬で健康的だ。手足は土で汚れるが、とても楽しい。

農業をやりたい人は誰でも、自分の住居のすぐ近くに畑を持てるような町作りをすればいいのに、と僕は思っている。

私たちがＯＳＨＯの本を翻訳するの？

この年、私たちは初めてＯＳＨＯの本を翻訳しました。

この頃、アメリカでＯＳＨＯの本がまた読まれるようになりました。一時期、ＯＳＨＯはアメリカでは毛嫌いされていたそうです。それが最近、彼の本が読まれるようになったのは、人気歌手のレディ・ガガが称賛したためということもあったようです。

実はＯＳＨＯは自分で本を書いたことはないのです。彼は毎日、弟子たちを前に講話をしていました。その多くはビデオやオーディオテープに録音されていて、それらの講話を書き起こしてテーマごとにまとめたものが、本となって数多く出版されています。そして、今でも常に新しく編集された本が出版されているのです。

私たちは、自分たちがＯＳＨＯの本を翻訳するとは思ってもいませんでした。ＯＳＨＯに特別な親しみを感じたこともなく、一度インドのプナにある彼のセンターに行った時にも、それほどの感銘を受けませんでした。それなのに、角川書店から翻訳の依頼をされたのです。

ＯＳＨＯのお弟子さんは日本に大勢います。その中には翻訳のプロも何人もいて、この人たちが翻訳するのが本筋であり、私たちのようにＯＳＨＯとはまったく関係のない者が、彼の本を訳しても良いのだろうかと、私たちはちょっと悩みました。それに、彼の講話には独特の言葉や言い回しがあって、それをどのように日本語に訳すかも彼らの間では公式に決まっているというのです。私たちの翻訳で良いかどうか、これまで訳してきた人たちが決めるとも言われました。私たちが翻訳しても良いと許可されても、訳したものすべてを検閲するとも聞きました。

しかし、考えてみれば、いろいろな縛りがあり、しかも翻訳の間違いを正してくれるのは、有り難いことでもあると思いました。何よりも、ＯＳＨＯの本の小気味良いほどストレートな分析や批判がとても面白くて、私たちは翻訳したいと思ったのでした。それに、門外漢である私たちが訳せば、また新しい読者層が広がる可能性もあると思いました。

幸い、ＯＳＨＯのグループから私たちが翻訳してもよろしい、という許可が出て、早速、一冊目の『Ｊｏｙ』（喜び）の翻訳に取りかかりました。インド人の英語なので、それほど難しくはありません。理論的にも、時には難解なこともありましたが、とてもわかりやすくてしかも説得力があります。そして読んでいて元気が出るし、今の社会の弱点を見事に突いていて爽快でした。

私たちの本質には「Ｊｏｙ」、つまり喜びが本来含まれている、だから、自分の本質に戻りさえすれば、ただいるだけで喜びを感じ、喜びとともに生きることができる、というのが、この本のメッセージでした。この本は、二〇一三年九月にＫＡＤＯＫＡＷＡから発売になりました。そして、同じシリーズで少なくとも四冊、翻訳出版することになりました。毎年楽しくＯＳＨＯの本を翻訳してきましたが、それも今年の春で四冊目が終わっています。それらは『Ｊｏｙ』の他、『Courage』（勇気）『Intuition』（直観）『Creativity』（創造性）で、いずれも深い真理を語っている良書です。

二〇一四年の末から二〇一五年のお正月にかけて、私たちはプナのＯＳＨＯのセンターを再訪しました。今回はＯＳＨＯの本の翻訳者だということで、大歓迎されました。前回とは違い、私たちも毎日真面目にセンターに通い、瞑想をしたり、ワークショップに参加したりしました。本を翻訳したことによって、ＯＳＨＯが身近になり、お弟子さんたちとも思いが通じるようになったのだと思います。

この時に出会った一人に、画家のミラさんがいます。彼女は若い頃からヨーロッパに一人で渡り、絵の勉強をしていたそうです。そこでＯＳＨＯを知って彼の熱心な弟子となり、やがてＯＳＨＯに命じられて自分の本質に戻るための絵画セラピーを構築し、世界各国で大活躍をしていました。会ってすぐ、私たちは意気投合して仲良くなりました。彼女の絵画セラピーに一日だけ参加したのですが、私はちょっと気持ちの良い体験をしました。

最初から勝手に絵を描いていくのですが、私はほんのりとしたちょっとこぎれいな絵を描きました。するとそこで行き詰まってしまったのです。もっと何かあるはずなのに、これ以上どうして良いかわかりませんでした。その時、ほとんどからだが動くような感じで、私はそのこぎれいな絵を汚い絵の具で塗りつぶしていきました。最初はちょっと残念というか、怖かったのですが、しばらくすると快感と喜びが湧き上がってきました。そしてそこからまた新しい絵が生まれていきました。

これは人生そのものだ、成長そのものなのだと、やっと気がつきました。創造し、それを破壊し、その上にまた創造する。破壊もまた、創造の一部なのでした。自分がこれまでは、エネルギーの低いこぎれいな絵しか描けなかったことにも気づきました。そしてそれが私の一部を象徴しているのもわかりました。とても新鮮な体験でした。そして、ＯＳＨＯの『Creativity』（創造性）という本を訳した時、この体験とほとんど同じことが書かれていたのでした。

ミラさんは私よりも少し若いのに、ずっと大人でした。私の知らない広い世界を知っている人でした。これからも仲良く楽しい時間を一緒にできる、いろいろと学ぶことができると思っていたのに、二〇一七年二月、ダイビング中の事故で突然亡くなってしまいました。今は空の上からニコニコと私を見守ったり話しかけたりしてくれていると思いますが、やはり生身の彼女に会えなくなったのはとても残念です。

すべてOK

このインド滞在中に、私たちは二〇一五年を迎えました。年末から訪れたインドでは、ラーマ・マハリシのアシュラム、プナのOSHOのセンター、そして沈黙のグルといわれているメヘルババのアシュラムに行きました。

すでにこの三人のグルは亡くなっています。でも彼らのエネルギーはアシュラムにまだ残っているのでしょう。アシュラムを訪れるだけでも、それぞれのグルのエネルギーを知らず知らずのうちに受け取っているのかもしれません。特にメヘルババは、その死後、五十年間はアシュラムに自分のエネルギーがそのまま残るだろうと言っていたそうです。とても気持ちの良いアシュラムでした。インドの田舎町から十分ほど離れた静かな場所にアッシジの教会に似た建物があり、そこがアシュラムでした。

聞けば、メヘルババは、生前アメリカでとても人気があって、アメリカ人がこのアシュラムをつくり、今も経営しているそうです。管理をしているのは、アメリカやオーストラリアの白人でした。アシュラムは設備が清潔で、食事はインド風と西洋風なものが出されて、とてもおいしかったです。

そこでは毎日、自由に過ごせます。朝晩、徒歩十分ほどのところにあるメヘルババのお墓に集まって、お墓に一人ずつお参りした後、それぞれに得意な歌を歌って過ごしました。

町中にはメヘルババが晩年を過ごしたという家が残されていて、そこには彼が座った椅子や寝ていたベッドがそのまま残っていました。彼の部屋を見学した時、空いている椅子に座って瞑想しました。瞑想を終わって椅子から立ち、ふとその椅子をよく見ると「メヘルババの椅子。座ってはいけません」と書いてありました。しまった！と思ったのですが、すぐに、知らずに座ってしまって得しちゃった、メヘルババから贈り物をもらったみたい！と思いました。とても心に残るグルであり、場所でした。もう一度行きたいです。

インドから帰国してすぐの二月、カリフォルニアのシャスタ山から、カレン・シークスさんが来日しました。彼女とは、その前に来日した時に初めて会ったのですが、今回は彼女と私で小さなジョイントお話会をしました。お話会の後、私は彼女のヒーリングを受けることができました。彼女の手法はエモーションコードといい、人生の問題を引き起こしている感情を、磁石を使って取り去るという不思議な方法でした。

ヒーリングを始める前に、今日はどんな問題を相談したいのか、彼女に聞かれました。

その時、私には二つ、問題がありました。一つは目です。これはここ十年くらい、ずっと気になっている問題でした。もう一つは、その数日前に起きた夫とのけんかでした。私は自己否定や低い自己評価に苦しみ、本来の自分に戻るためにそれを克服しようと必死で努力してきました。そして、それに九九パーセント成功したのですが、残りの一パーセントがどうしてもうまくいかない、という感じが続いていました。

まだ年に一回くらい、「私なんて」という思いグセが出てきていたのです。しかもそれは常に夫との間で起こりました。この問題は毎年軽くなっていて、その頃には、「私なんて」という思いはすぐに消えてしまうのが普通でした。しかし、数日前に起こった自己否定の思いは二日くらい続き、夫と言い争ったりして、まだ気になっていました。そのことを彼女に言うと、「ではそれをなんとかしないとね」と笑って、次のように話してくれました。

「でも、それってあなたの今の本当の気持ちではないと思う。あなたは自分なんて、という気持ちに中毒しているだけよ。その気持ちがちょっと出てくると、それに酔ってしまうのでしょう」

中毒している‼　本当は、もうそんな気持ちは私の中にはないですって？

それは新しい情報でした。それを聞いて何かが私の中でクリックした感じでした。

そして、その日から、私の中の自己否定はほとんどなくなってしまいました。そして、**私は完璧、このままでOK！**という世界に移行できてしまったのでした。なんてあっけない。香港のアリスさんに「完全に自分自身を愛さないと、あなたの目は治らない」と言われてから四年あまり、私はやっと、自分自身を完全に許し、認め、自分にOKを出すことができたのです。

そのとたんに、世界がすっかり変わってしまいました。私はそれまでとはまったく違う世界にいました。次元が違ったのです。たとえていうと、私は部分日食の次元から、皆既日食の次元に変わったのでした。

九九パーセント、太陽が欠けていても、部分日食はあくまで部分であり、不完全です。でも一〇〇パーセント太陽が月の影に入った皆既日食が起こると、世界が一変します。空から地上の風景から、風やエネルギーまで、すべてがそれまでとは違ってしまうのです。

それと同じように、九九パーセント自分を許し、好きになったとしても、それではまだ何かが不完全でした。でも一〇〇パーセント自分を許し、自分を好きになり、自分にＯＫを出した時、世界の風景はそれまでとはまったく違った次元に達したのでした。

恐れも不安も心配も、いかなるネガティブな思いも、ほとんどなくなってしまいました。とても楽しくなりました。気楽になって、イライラしなくなりました。電車が遅れようと、何か失敗しようと、平常心を失わず、気にならなくなりました。このように個別に書くと、たいしたことはないようですが、とにかく私の存在の仕方そのものが変わってしまったのでした。そして、「やっと私も〝普通〟になれた」という強い思いがありました。

そして有り難いことに、夫との関係がとてもすっきりしました。彼に嫉妬することも、彼と競争することもなくなり、彼に対する劣等感も大部分が消えてしまいました。

つまり、私の人生にほとんど問題がなくなってしまったのです。三十三年前、デイビッドが教えてくれた「自分自身を本当に好きで愛していれば、この世に問題はまったくなくなるのだよ」という言葉が、本当であるとわかったのでした。

そして、私がずっと渇望していた、心の平和がありました。どんな時にも、静かな湖の表面のように平らかで穏やかで、平和に満ちた自分がいました。

一つの輪が完成したのでした。もう大丈夫、何があっても大丈夫、私はこのままで良いのだ、と思いました。人生はとても楽になり、時にはまだ昔の思いグセが出てくることもありましたが、それもご愛敬、まだそんなゴミがあったのね、と笑ってそのゴミをゴミかごに捨てる、といった感じになったのでした。まだまだ先があると思います。まだまだ悟りには遠いのかもしれません。

でも、もう思い残すことはありません。私は自分が本当に欲しかったもの、自分への愛、信頼、喜びを手に入れたからです。これからは人生を楽しみ、味わい、自分の内なる平和、愛、力、勇気、気づきを深めていけば良いのです。

サイマーさん

インドの女性グル、サイマーさんとも同じ頃、親しくなりました。彼女は有名なサティヤサイババのお弟子さんで、サイババ亡き後、その後継者の一人ともいわれています。ここ数年、サイマーさんは日本に注目していて、日本の私たちの覚醒を促《うなが》そうと、何回も来日されています。

彼女に特に関心があったわけでもないのですが、ひょんなことから、夫と私は彼女のヒーリングセミナーを受講しました。親子関係を正して自分の力を取り戻すための、一週間にわたるインテンシブ（密度の濃い）なセミナーでした。

私は母の言葉や行動によって大きなトラウマを抱えてしまい、そのことに気づき、そこから抜け出すために長年とても苦労してきました。そしてなんとか、母の呪縛から数年前にやっと抜け出すことができました。

これは私だけの問題ではありません。親は子供のために良かれと思っていろいろ手をやき、心を尽くします。悲しいことに、子供を虐待する親もいます。または子供に過度の期待をかけて、結果として子供を束縛したり、子供の力を奪い取ったりしてしまうのです。

そして、そのことに親も子供も気づかずにいます。そのため多くの人が親に本来の自分の力を奪われて、自分の持つ力を発揮しないままに終わってしまうのです。でも、それでは私たちがこの地球に生まれてきた意味や目的を果たすことができません。特に日本では親の力が強くて、親に支配され、コントロールされて、自分の人生を自分の責任で生きていない人がたくさんいるのです。

彼女のワークは、親に差し出してしまった自分の力を取り戻し、自分自身の道を歩み始めるための応援歌のようなワークでした。このセミナーでは、私が三十年かけてやっと克復したものを、たった三十分でクリアしてしまう人もいました。今、宇宙は私たちの意識を変えるために、一刻一秒も無駄にせずに動いていると思います。サイマーさんが日本に何回も来てくださるのも、そのための宇宙の計画なのでしょう。このセミナーで、今まで自分が苦労してきたことは間違っていなかったということを、再確認できたのでした。

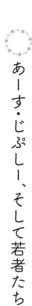

あーす・じぷしー、そして若者たち

それからまた、とても貴重な出会いがありました。まだ二十代だった双子の姉妹、あーす・じぷしーと知り合ったのです。

「**大人になっても、子供の頃のようにワクワクすることをして生きていけたら**どうだろうか？」と双子の妹、まほちゃんがふと思いました。彼女はその実験をするために、一人で外国に向かいました。そしてペルーで不思議な体験をして宇宙の真理を知ったのです。

次には、姉のなほちゃんと二人で行きの航空券とお金を少しだけ持って、もう一度海外旅行に出かけ、その間に本を一冊書き上げました。『EARTH GYPSY あーす・じぷしー』（TOブックス）です。この本が出版されてから、二人は若者のアイドルのようになりました。

この本のことをまったく知らない時、友人が私とあーす・じぷしーのコラボ講演会を企画してくれました。どんな人たちかも知らずにOKするというのが、いつもの私のやり方なのです。

直前になって二人の本を読んでびっくりしました。二人は『アウト・オン・ア・リム』と『アルケミスト』をきっかけにして旅を始め、自分たちの人生を切り開いていったのでした。それよりも、彼女たちがとても賢くて、宇宙の真理を真剣に学んでいることを知って、本当に感激しました。こんなに若い人たちがこんなに優れた面白い本を書くなんてすごい。そしてそれが多くの若者に読まれているなんてもっとすごいことです。

私たちのコラボ講演会は大成功でした。何よりも私たちは気が合いました。年齢差は五十歳に近いのに、思うこと、感じること、体験していることがよく似ていて、すぐに意気投合したのでした。

それからは彼女たちの若い仲間とも仲良くなりました。新しい生き方をする頼もしい青年たちでした。このような人たちが生まれているということに、とても力づけられました。多分、生まれながらに新しい生き方をするための力と思考を持っている人たちなのでしょう。多分、**クリスタルチルドレン、レインボーチルドレン**などといわれる、新時代の子供たちが大きく成長しているのでしょう。そして多分、多くの分野で今までとは違った力を発揮する若者が活躍し始めているのだと思います。

まだ、自分の生き方のわからない若者、生きる力を発揮できずにいる人たちも大勢いるでしょう。でも、それまでの世代には見られなかった優しさと力強さを兼ね備えた若者が、今、出現しているのでした。その若者たちに出会えたことを本当に嬉しく思いました。それ以後、あーす・じぷしーの二人とは一緒に講演会をしたり、本を出したりしています。

自分を楽しませること

あーす・じぷしーは双子の姉妹だ。なほちゃんとまほちゃん。僕たちにとっては子供の年齢、いやそれよりもずっと若い。彼女たちは僕たちの訳したパウロ・コエーリョの『アルケミスト』を読んで大きな影響を受けたのだという。

『アルケミスト』は僕たちの出合った本の中では一番の宝物かもしれない。世界的なロングセラーだ。世界中の言葉に翻訳されている。時間がたっても決して廃《すた》れない本だ。日本でもベストセラーになり、未だに増刷が続いている。

羊飼いの少年の宝探しの物語。パウロ・コエーリョの本の中でも白眉《はくび》といっていい。こんな本に出合えたことは翻訳家にとってはとても幸せなことだと感じている。

主人公の少年は、サンチャゴという名前で羊飼いの少年だった。少年はすでに二年間スペインの田舎を、あちらこちら羊たちをつれて羊の餌になる牧草と水を求めて旅を続けていた。ある時、教会で野宿をした時、夢を見た。それはエジプトのピラミッドのふもとで宝物を見つける夢だった。彼はそれと同じ夢をこのところ、繰り返し見ていた。そこで彼はジプシーの占い師のおばあさんのところへ行ってそれはどういう意味なのかを聞いてみた。繰り返し見た夢のことが気になったからだ。

老女は少年にそれは本当のことだ、エジプトのピラミッドに行って宝物を見つけなさい。そしてその宝物の一〇分の一を私にお礼として寄こしなさい、と言ったのだ。そこからサンチャゴ少年の旅が始まる。少年は不思議な老人に出会う。その老人は少年に、

「お前が誰であろうと、今何をしていようと、何かを本当にやりたいと思う時、その望みは宇宙の魂から生まれたものだ。そしてそれがこの地球におけるお前の使命なのだ。お前が何かを望む時には、宇宙全体が協力して、それを実現するために助けてくれるのだよ」

と言ったのだった。

さらに、「宝物を見つけるためには、前兆に従っていかなくてはならない。神さまは誰にでも道を用意していてくださるものだ。神さまがお前のために用意してくれた前兆を読んでいくだけで良い」とアドバイスしたのだった。

『アルケミスト』にとても深く感激したまほちゃんは、次にシャーリー・マクレーンの『アウト・オン・ア・リム』を読んで、ペルーに行ってみようと思ったのだ。すると、宇宙がいろいろな助けを彼女の元に送ってくれたのだった。

たとえば、ペルーの旅から帰ってきたばかりの女性に出会う。彼女は自分が旅で使ったリュックや残っていた外国の紙幣まで提供してくれたのだった。彼女は数々の導きを

受け取って、ペルーへと本当に旅立ってしまったのだという。

これは双子の姉妹が書いた『EARTH GYPSY あーす・じぷしー』という本にまとめられて書かれている。『EARTH GYPSY あーす・じぷしー』は素晴らしい本で、若者たちの間ではとても人気になっている。彼女たちは人生は自分が本当にやりたいことだけをやって生きていかれるものだろうか、という実験をしてみたのだった。そして、すべてはその通りだったという話なのだ。

多くの本を読んできたが、こんな本はめったにないと思った。最近その改訂版も出され、イラストも彼女たちで描いている。まほちゃんは、人のオーラの色も読めるという才能の持ち主だ。

＊

今の地球人を見回しても、本当に自分の好きなことをして生きている人は、割合にしたらかなり少ないのではなかろうか。平均したら二〇パーセントにも満たないかもしれない。自分の好きな仕事をする、これはとても大切なこと、そして僕自身には考えられなかったことだった。

自分が本当にやりたいこと、ワクワク喜びを感じることをして、しかも経済的にも成り立っていく仕事が見つけられることは、理想の人生ではないかと思う。なるべく多くの人が、本当に自分のやりたいことができる社会を作っていくこと、それこそが僕たちに課せられた将来の課題ではないだろうか?

本当に自分がやりたいことを見つけて、楽しんでやっていけば、それがすべての人のためになる。そして経済的にも円滑にまわり、潤っていき、豊かな社会ができたらどんなにか素晴らしいことだろうと思う。

僕たちは過去三十年にわたっていろいろな本を翻訳してきたが、これは僕たちがやりたいなと思った仕事だった。僕たちはとても恵まれた自分の仕事を見つけたわけだ。また、仕事をしていく間に、この宇宙の法則のようなものを学べるチャンスを手に入れてしまったのだった。

そのテーマは「人は何のために生きているのか」、という根本問題だ。自分の今やっていることを自分の意思で選べていることに感謝する毎日だ。

*

つい最近、あーす・じぷしーのなほちゃんに勧められて、カリフォルニアのロサンゼルスからやってきた、ひろさんという若い女性から、キネシオロジーのセッションを受けてみた。彼女は僕の魂の名前を「目覚め」と名付けてくれた。

いろいろな過去生の中で、人生設計をして、いろいろな国でいろいろな体験をしたが、その目的は常に「目覚め」だったそうだ。僕の魂だけの特別な名前のような気はしない、すべての魂が目覚めるために輪廻をくり返しているような気がする。

それはさておき、彼女の僕に対するお勧めは、「自分を楽しませることをこれからもどんどんしていってください」ということだった。もっと自分を楽しませることとはなんだろうか、という視点をもって、これからの人生、楽しんでいきたいと思っている。

翻訳三十周年

二〇一五年は、私たちが翻訳を始めてから三十年目でした。この年の末、三十周年記念の感謝の会を開きました。これまでどれほど多くの方のお世話になったことでしょうか？前回は二十五周年記念でしたが、それ以後の五年間だけでも、それはたくさんの人と知り合い、お世話になってきました。出版社の皆さん、講演会を開いてくださった皆さん、いつもサポートしてくださる友人たち、一人ひとりのお顔を思い描きながら招待状を送りました。

東日本大震災後に日本に住み着いたアルーナ（リア・バイヤース）も来てくれました。私たちを初めてアメリカに招いてくださった高原操さん、その後ロサンゼルスで何回もお世話になった阿野陽子さん、ハワイ島の野崎ゆりかさんが奇跡的にこの日、東京に滞在中で、会場にかけつけてくれました。会の最後、ピアニストのウォン・ウィンツァンさんが演奏するタンゴに合わせて、みんなで踊って感謝の会は終わったのでした。

会場は二十五周年と同じレストランでした。海賊船を模したインテリアのお店、私たちみんなの新しい船出を象徴していたのでしょう。

ますます元気で人生を楽しもう

そして二〇一六年が始まりました。一月には、あーす・じぷしーの神戸での講演会を聴きに行き、そこでたくさんの素敵な若者に会いました。いつも私たちの話を聞きに来てくださる方は、年齢層がかなり上です。二十代、三十代前半の彼らは、私にはとても新鮮で頼もしく見えました。

みんな一所懸命仕事をしていて、しかもその仕事を通して本当に良い社会を作りたいという思いに溢れていました。新しい考えや生き方に自然体で挑戦していました。みんなと一緒に話していると、本当に楽しくて嬉しくて、とても若返ったように感じました。

この頃から、それまでは遠くから見ているだけだった人たちに、どんどん出会い始めました。私たちは自分から人に会いに行くこともなく、他の方のパーティーや講演会に出席することもほとんどない怠け者なので、精神世界で大活躍している方たちとの出会いはとても限られていました。それがこの頃、急にいろいろな方と出会い始めたのです。

私が思うには、今、見えない世界には大きな渦があって、外側の人々をどんどん巻き込みながら、内側へと引き込んでいます。そして渦《うず》の真ん中へと急速に人が集まり始めて人と人の距離が縮まっていき、それまではなかなか出会わなかった人たちが、あっという間に出会って仲間になっていくようなイメージがあります。時が来れば出会うべき人と出会う、ということもありますね。

また、私が自分にＯＫを出せたのも、この動きを加速させた要因だったのかもしれません。特にこの年は、そのようなことがたくさん起こったのでした。

「アワの歌」、そしてことだま歌手に

この頃、私たちは「アワの歌」を知りました。「ホツマツタヱ」という古い文献の中で見つかった四八文字からなる歌です。イザナギとイザナミが作った歌とされています。

あかはなま　いきひにみうく
ふぬむえけ　へねめおこほの
もとろそよ　をてれせゑつる
すゆんちり　しゐたらさやわ

意味は不明ですが、この歌を唱えたり歌ったりすると元気になると聞いて、私は早速、五回唱えてみました。すると、翌日、本当に元気で過ごせました。夫にそれを話すと彼もさっそく唱えました。すると、彼は私よりももっと元気になってしまったのです。私たち

はすっかり「アワの歌」にはまってしまいました。

YouTubeで調べると、いろいろな「アワの歌」がたくさん出てきました。何人もの人がこの歌詞に曲を付けていたのです。その中の歌いやすくて心に響く曲を一つを覚えて、私たちは歌い始めました。

しばらくして、私がフェイスブックを見ていると、私たちが歌っていた「アワの歌」は、坂井洋一さんの作曲であることがわかったのです。二十五年前に我が家に来てくださった人でした。それからも時々お目にかかっていたのに、ここ十年ほどは、ずっとご無沙汰していたのでした。

彼に連絡するとすぐに飛んできてくれました。そして、夫は七十四歳にして歌手デビューしたのです。坂井さんがあっという間にCDを作ってくださったからでした。

そして今や、夫も私もことだま歌手と称して、「アワの歌」を広めるためにみんなの前で歌っては楽しんでいます。もう人生、好きなことをして楽しめばいいのです。特に後期高齢者になったら、もうそれしかない。そうしていれば、どんなに年を取っても進化を続けることができるのかもしれません。

ことだま歌手になって、「アワの歌」を歌う

歌手といっても、ただの素人《しろうと》が歌を歌うだけのことだが、七十代になって、歌を歌って、それをCDにして、欲しい人に販売しているということはちょっと自慢して良いのかもしれない。恥知らず、ということも称賛しよう。

ステージで歌う時には伴奏が入るから、歌い出しが難しくて、伴奏のどこから歌い始めていいのか、わからない。それでも楽しみながら歌えばいいのだと自分で決めて歌っている。かなり好評？なのは有り難いことだ。

アからワまでの一音、一音をはっきり発音すると、乱れた言葉遣いが整い、心と体の働きが整えられ、不思議なことに、病人まで健康になっていったと「ホツマツタヱ」に記録されているそうだ。

当時どのような曲、音階で歌われていたのかはわからない。『日本書紀』より前に書かれたという「ホツマツタヱ」が最近、注目されだし、日本の縄文時代に光が当てられてきた。「アワの歌」は、その「ホツマツタヱ」に載っているそうだ。「アワの歌」を歌うと元気になるということは言葉にはことだまという霊力があるからだと説明されれ

ば、そんなこともあるのだろうか、という気がしてくる。

ある時、亜希子が急に元気になったので、どうしたのかと聞いたら、「アワの歌」の歌詞を五回、音読してみたら元気になったというのである。では僕も試してみようと思って「アワの歌」を声に出して言ってみた。

何度か、口にしてみたところ、あら、不思議、僕も元気になったような気がした。ちょうど、バイオリズムのウツからソウへの変わり目の時期だったのかもしれない。それともことだまの力が本当にあるのか。

坂井洋一君のギターの伴奏指導で僕が歌ってＣＤを作ることになった。坂井洋一君はことだまを日本から世界に発信しようという大きな夢を持っていた。

すでに二度の吹き込みをして、最初のＣＤは二曲だけの吹き込みだったが、二回目はさらに四曲吹き込んで六曲入った立派なことだまＣＤができあがった。曲目は、

「アワの歌」

「いろは歌」（弘法大師の作と言われている）

「種は種」（ヒルコ姫作「ホツマツタヱ」より）

「あまたまぬ」

「ヤマトはクニのマホロバ」（ヤマトタケル作、『古事記』より）
「八雲立つ出雲」（スサノヲ作）

いずれも古代の歌詞に坂井洋一君が曲をつけたものだ。彼は本当に多彩な才能の持ち主だ。どの歌も短くて、とても歌いやすい。現代の言葉とは違うので、意味は完全には理解できないのだが、何度も繰り返せば、そのことだまに魅せられ、脳の活性化にもいい。曲自体は短いので、歌う時は二回、三回と繰り返し歌う。

実際に、このことだまを歌うと古代の作詞者の霊と繋がるような気がして、とても不思議な感覚を味わうことができる。時間というものは、実は存在せず、僕たちの頭の中の概念にすぎないと言われている。過去はすべて今という時の中にあり、すべては今という瞬間にあるのかもしれない。

「アワの歌」はイザナギ、イザナミに、「いろは歌」は弘法大師に、「種は種」はヒルコ姫に、「ヤマトはクニのマホロバ」はヤマトタケルに、「八雲立つ出雲」はスサノヲに、繋がるような気がする。自分が古代の日本にも実際にいたかのような感覚を味わえる。

今では歌うことは喜びの一つだ。うまいとか下手は二の次だ。確かにことだまを歌うことによって、僕の人生は明るく楽しく、元気になった。

古代のことだまを自分も歌って元気になろう、と思う方にはぜひ歌詞を憶えて、楽しんでいただきたいと思う。健康法の一つとしておすすめだ。

ある時、僕が「アワの歌」を歌った時、イザナミがやってきたと言ったら、大方の人はそんなことは信じられないと言うだろう。僕が友人のセミナーに行った時、そこに古代の神さまと交信できる女性がいた。彼女は神さまの姿形も見えるのだという。不思議な人もいるものだ。

これまでも、僕はいろいろ不思議な人間に出会っている。自分自身だって精霊と交信しているのだから、他人から見たら、不思議で、そんなの思い込みじゃないか、と思う人も多いだろう。僕の実際の体験に照らせば、日本の古代の神さまが実際に見える人もいるのかもしれない。僕は信じたほうが面白いから、そんなことだってあると思っている。

僕が「アワの歌」を歌った時、イザナミがその場にいて、僕の歌を聴いてくれたのだ。まるで信じられないことだが、日本を誕生させた神さまが今の今という瞬間にもいらっしゃるとは、まるで僕たちが神話の中に生きているような話である。そして、「アワの歌」を作られたその神さまが、僕の歌をお聴きになって意見をおっしゃるとは、まるで奇蹟のようなできごとだ。

しかし、イザナミはこうおっしゃっておられる、というのである。「この人は自分が歌った時と全く違う節で歌っている。でも、今や、時代も変わったのだから、このような歌い方もありだと思う」とおっしゃったのだそうだ。まるで、魂がよろけてしまいそうだけれど、こんなことが起こって、嬉しかった。

確かに「アワの歌」は自分で自由に曲をつけて歌って良いと言われている。そんな自由さが、とても嬉しく感じられる。ぜひ、「アワの歌」を唱えるなり、自分流に作曲して歌うなどして、何が起こるか、本当に元気になるのか、気持ちが良くなるかどうか、確かめていただければ幸いである。

『アウト・オン・ア・リム』三十周年

この年（二〇一六年）の三月五日、さがみ健康クラブの二周年記念のイベントとして、私たちの講演会をすることになりました。さがみ健康クラブができたきっかけが、私たちの講演会だったからです。

　ある日、『アウト・オン・ア・リム』の巻末の奥付を何気なく見た時、はっとしました。この本は一九八六年三月五日に初版が発売されていたのです。つまり、さがみ健康クラブ二周年記念講演会の日は、まさに『アウト・オン・ア・リム』三十周年の記念日だったのです！

　講演会は急遽、さがみ健康クラブの二周年記念から、『アウト・オン・ア・リム』発売三十周年記念に変更になりました。神さまは素敵なプレゼントをくださるものですね。この会にはあーす・じぷしーも来てくれて、にぎやかなお祝いになりました。

　そして後から思うと、この三十周年記念の時から、また大きな変化が起こったように感じています。この仕事を始めてから三十年たち、私たちも次のところに行く時なのでしょう。それと同時に、私たちは「長老」とか、「レジェンド」とか言われるようになりました。うーん、そうなんだ、というのが私の感想。不思議なことに、自分ではまだ若い時と同じような感覚しかなかったのです。若い人が出てきたことも、自分がもうすぐ後期高齢者と呼ばれるようになることも知っていました。でもなんとなく、おめでたいことに若い人たちと一緒に元気に働き続けるイメージしかなかったのでした。

　それ以後も相変わらず、忙しく飛び回っています。本も毎年、五冊くらい出ています。

神さまや宇宙が、次から次へと、「これをやりなさい」と伝えてくる限りは、元気に何にでも有り難く取り組んでいこうと思っています。

二〇一六年、五月から六月にかけて、ドイツとスペインに行きました。ドイツでのつらい過去生を思い出してからは、ドイツは私の故郷の一つのような気がしていました。ライン川沿いの町、コブレンツで過ごした一週間は、楽しくて充実していました。ライン川を船で下り、ブドウ畑の広がるモーゼル川沿いにドライブし、ボンではオペラを鑑賞してからベートーベンハウスを見学しました。日本人の皆さんのために講演会を二回、そしてドイツ人の方々との話し合いを一回しました。お友達の朋子さんのお宅にお世話になったのですが、小さなお城のような古い館でした。毎日が本当に優雅で楽しかったです。

スペインではサンチャゴ・デ・コンポステーラへの巡礼路を二日間だけ、友達と一緒に歩きました。ブルゴスから歩いて全部で四〇キロ、ちょうど真っ赤なケシの花や黄色の花、青い花が咲き乱れて私たちを大歓迎してくれました。やはり巡礼路は素敵です。

二十五年前、路線バスでたどった巡礼路、全長八〇〇キロのうちのたった四〇キロでしたが、自分の足で歩くことができて大満足でした。

この巡礼路は、私たちには思い入れがあります。パウロ・コエーリョの『星の巡礼』（角川文庫）と、シャーリー・マクレーンの『カミーノ』（飛鳥新社）を翻訳したからです。どちらもスペイン巡礼の話でした。しかも、私たちはこれらの本を翻訳するずっと前に、バスでフランスのサン・ジャン・ピエド・ポーからスペインのサンチャゴ・デ・コンポステーラまで、路線バスを乗り継いで巡礼していたのでした。なぜか、ここは自分の魂の故郷のように感じています。

そして、七月にはハワイ島にも行き、イルカたちと思いきり遊びました。年齢的にもうドルフィンスイムも難しいかも、と思ったのですが、本当に楽しかったです。さんざんイルカと遊んでから、ボートが港に戻り始めると、たくさんのイルカたちが私たちのボートを追いかけてきました。すぐ近くをジャンプしながら泳ぐイルカもいました。まるで、「楽しかったよ、また来てね」とイルカが言っているように思いました。

こう書いていると、まだまだドルフィンスイムをしたくなります。

その後、私は友達の野崎ゆりかさんと一緒に、キラウエア火山の噴火で二十年前にできた溶岩台地に三日間滞在しました。しかもその時、大きな台風がやってきてずっと強風と雨が続きました。家の外に出るのも大変な嵐の中、ハワイの女神ペレの優しさと力強さを吹き込まれたように感じました。

それに、溶岩台地の強烈なエネルギーは半端ではありません。そこにいるだけで、身体がマグマのエネルギーを蓄えていくような感じでした。朝、四時に起きて、噴火口から溢れ出して海へと流れ下っていく真っ赤な溶岩も見に行きました。

溶岩台地を歩いている時、突然、私は溶岩と一つになった自分を感じました。道なき道を行くのに、どこへ行けば良いのか、どこに足を置けば良いのか、自然とわかるようになったのです。もう頭はまったく働いていませんでした。ただ、身体がすっすと動いていました。素晴らしい感覚でした。

次に八月末には南アフリカのお花畑を見に行きました。これも思いもよらないことから実現しました。シンギング・リンというチベタンボウルをもっと精密にした楽器を考案した和真音《かずしおん》さんと初めてお目にかかった時に、「南アフリカに一緒に行きませんか」とお誘いを受けたのです。

写真家の澤野新一朗さんが、二十年以上前に南アフリカに行き、発見した素晴らしい花畑への旅でした。春になると牧草地が色とりどりの美しい花でおおわれるのです。それ以来、澤野さんは毎年八月末頃に、お花畑をたずねる南アフリカツアーをされています。いつか行きたいと思っていたのですが、それがあっという間に実現したのでした。

私たちのグループはとても運が良くて、ずっとお天気が良くて、どこに行っても花は満開でした。白い花だけ、オレンジ色の花だけ、青い花だけが群生しているところもあれば、色とりどりの花が咲き乱れている場所もありました。毎日、あちこちの花畑を楽しみ、そこでみんなでシンギング・リンを演奏しました。

そして夜には、真っ暗な中、満天の星空の下でシンギング・リンを奏でたのでした。総勢一四人、みんなすっかり仲良しになりました。

いつも元気で

たまに体調を崩すことはあっても、ずっと元気で過ごせることは有り難いの一言に尽きます。毎朝、公園でラジオ体操を町の人たちと一緒にやっているおかげでしょうか。ラジオ体操の後は数人の仲間で四十分歩いています。嬉しいことに、とても良い散歩道があるのです。最初は山道をしばらく歩きます。ここはまさに森林浴。次は気持ちの良い下り坂を勢いよく下り、小学校や広い公園の横の平坦な道をおしゃべりしながら歩きます。次はだらだらと坂道を上がってゆき、最後に六四段の階段を登って我が町に戻ります。途中に簡単な朝ご飯を食べる場所もあります。なんて恵まれた環境なのでしょうか。おかげ様で、私たちはとても元気です。

良い友達にも恵まれています。ラジオ体操をしばらく休むと、みんなが心配してくれます。誰かがしばらく来ないと、私たちもどうしたのかな?と気になります。このように、平和で安心して生活できることは、どれほど有り難いことでしょうか。

健康でいるために

日本人の平均寿命は、男性も女性も八十歳を超えている。特に女性は八十七歳だ。日本は驚くほどの長寿大国になっている。戦争をしない、ということ、衛生知識の普及、医療の発達、経済の安定などの要因があるだろう。また、平均余命というものもあり、男性の場合、現在七十五歳の人は十五年と計算され、九十歳までは普通に生きられる時代になっている。何の根拠もないのだが、自分は百歳ぐらいまでは生きるだろう、と僕は思っている。

はたしてどんなものなのか。まあ、寿命は決まっていると思っているので、命つきる時が自分の死に時なんだろうと思う。本当のところは死というものはなく、別の世界に行くだけのことなのだから、死ぬ時には「ありがとう、さようなら」と言って潔《いさぎよ》くあちらの世界への門をくぐりたいと思う。

大切なことは、生きている間は健康で楽しく平和に暮らしたいということだ。健康には肉体的な健康と精神的な健康がある。精神的な健康はウツにならないことだろう。人生の終わりまで楽しく生きたいものだ。

肉体的な健康を保つためには、食事に注意すること。食べすぎずバランス良く食べることが大切。最近はなるべく外食はやめたいと思っている。酒は飲まず、もちろんタバコにも縁がない。自分で育てた新鮮な野菜をたくさん食べるようにしている。最近は小食が良い、ということで腹八分め、さらには腹六分めぐらいが良いと言われている。でも、実行は難しい。甘いもの、冷たいものはなるべく控えるようになった。

最近は不食の人も出てきている。人は食べなくても空気中からプラナー（エネルギーのこと）を取り入れることを学べば良いのかもしれない。ただ、まだまだ食べ盛りの身なので、バランスの良い小食を目標にしていきたいと思っている。

毎朝五時半に目を覚ますと、十五分はベッドの上でヨガ体操をする。

十五分間で、朝の身支度をして、できれば、六時十分には近くの公園に行く。そこではジャングルジムのところに、町のシニアたちが集っている。

僕は、二人か三人の希望者に背中のマッサージをしてあげる。いろいろヒーリングの仕方を習ったことがあるので、実践できることは嬉しい。マッサージをしてあげることは自分のためにもなっていると思う。与えることは与えられることなのだ。

六時半からはラジオ体操をして、その後は毎日決まったコースを三キロ、ウォーキング仲間と歩き、家の近くに借りている畑に寄って、季節ごとの野菜、サラダ菜などを採る。

かなり理想的な形だけれど、もっと広い土地があって、ビワやカキ、サクランボ、イチジク、ブルーベリーなど季節ごとの果物の木があったらいいのにな、と思ったりしている。子供の時、家にはビワ、カキ、サクランボ、イチジクなどがあって、その季節ごとに木から採っては食べ、楽しかった思い出があるからかもしれない。

健康には適当な運動が必要だと思う。僕は二十年以上ＳＫＹヨガの仲間がいて、月一回みんなで集まってヨガをしている。ヨガは健康のためには欠かせない。

　僕はアレルギー体質で喘息持ちであるが、一病息災だと解釈して健康管理の目安にしている。七十代、八十代になると、自分で健康管理をしっかりしているかどうかで健康状態に非常に差が出てくるような気がする。なるべく自分に合った健康法を保持したいと思う。

＊

　今までいろいろな健康法を習ってきた。気功、呼吸法、ヨガ、断食など。

　また笑いヨガ、ヒーリングなどもある。歌を歌うことも健康法の一つといえるかもしれない。いろいろ習ってもその時限りでやめてしまったりしたこともある。水泳は確かに健康法として素晴らしい。一時期プールに通ったこともあったが、長続きはしなかった。自分が住んでいる環境にもよるのだろう。ハワイから来た若者が、ハワイでは毎日海で自由自在に泳いでいると言っていた。素晴らしいなと思う。

　また、最近ではディジュリドゥ健康法というものも学んだ。オーストラリアの先住民の楽器であるディジュリドゥに似たプラスチック製の長い筒を吹くものだ。これは深呼吸健康法にもなる。脳幹を刺激して、神経のバランスを保ってくれるそうだ。

まだ、始めたばかりで、成果についてはわからないが楽しみの一つだ。何事も毎日、続けることが大切だ。そのためには楽しめることがいい。そのほか、十分な睡眠、夜更かしをしないこと、これらは守ることはなかなか難しい。夜寝るのは十一時前が望ましいが、なかなかそれまでに寝付くことはできないものだ。

健康は自分で守るもの、としっかり思っているので、病院などにはできるだけかかりたくない。薬もなるべくなら飲まないほうがいい。あちらこちらの病院が大好きで、何人ものお医者様と仲良くしていた知人は最近、めっきり老け込んだ。医者に頼るのではなく、呼吸法やヨガ、ダンス、ウォーキング、体操などで自己管理の方法を身につけることのほうがずっと大切だと思っている。

自分の住む地域にラジオ体操の会があるのはとても幸運だと思う。ラジオ体操の会を始めてくれた会長さんにはとても感謝している。NHKにも感謝だ。ラジオ体操の会があることによって、町のコミュニティ活動が活発になり、町の人たちがお互いに知り合い、とても良い環境ができあがっている。

これからも良い健康法についての情報があれば、いち早く試してみたいと思っている。これまで何回か断食の会に出席して、いろいろな体験をしたけれど、最近、友人の紹介してくれたお寺での四日間の断食会は、素晴らしい体験だった。これからは定期的に断食会に出席して身体の浄化、リフレッシュをする習慣をつけたいと思っている。

二〇一七年

今年（二〇一七年）は、アメリカにトランプ大統領が就任し、イギリスがEU脱退を決め、シリアやイラクやアフガニスタンでは依然として戦争が続いています。こうした戦争地域やアフリカからの難民問題は、世界中で大きな負担になっています。

世界のあちこちで天変地異が起こり、天候不順は毎年のことになりました。人々の間様々な格差が拡大しているともいわれています。福島第一原子力発電所事故の後始末がいつできるのかは、まったく目途《めど》も立っていません。外国人排斥《はいせき》、人種差別などの動きもあからさまになっています。アジアでは北朝鮮がミサイル実験や水爆実験を繰り返していまｓ。それに対抗して、アメリカ、韓国、日本などがどんどん軍事力強化に邁進《まいしん》しています。

このように、世界中、日本中が問題だらけのように見えます。それが解決できないと、私たちは平和に暮らしていけないように思えるかもしれません。

でも、実は私たち一人ひとりが平和な心で暮らすことができれば、世界中の問題はいつか消えていくというのが、物事の順序なのかもしれません。私たちの思い、つまり、思い込みが現実を作り出すからです。もし、本当にたくさんの人が平和で愛に満ちた心を持てば、今、世界で起こっているような不安と恐れから来る痛ましい状況は起こらないでしょう。だから、私たちがすべきことは、自分の心の平和を実現し、愛と喜びから生きることなのです。

さて、二〇一七年は母と親しい友人の死から始まりました。元気に活躍しているとばかり思っていた友人が、一月末に亡くなりました。普通の人の一〇倍も二〇倍も、人生の冒険を楽しみ、大きな成果をあげた人でした。多分、この世での仕事をやりきって、これからはもっと宇宙的な規模で仕事をしようと思っての旅立ちだったのでしょう。

彼の死の翌日、私の母が百一歳で旅立ちました。介護状態になってから九年、ずっと頑張ってきて、やっと楽になれたのだと思います。自分の母親が百一歳まで生きてくれるとは、思ってもいませんでした。ちなみに夫の母は八年前に百歳で大往生しています。

母が亡くなる日、しばらく母に会っていなかった夫と一緒に、母を見舞いました。それまでは私の顔を見ても誰かわからなかった母が、突然、夫の顔を見て、とても嬉しそうに声を上げ、手を振り回しました。夫は一時間も母のそばにいて、歌を歌ったり話しかけたりしてくれました。母はとても嬉しそうで、いつになく元気でした。

母のところから帰宅して夕食を終えた時、電話が鳴りました。姉が「今、お母様が亡くなった」と連絡してくれたのでした。多分、母は夫に優しくしてもらって、楽しい気分であちら側に行ってくれたのではないでしょうか。

そして一カ月後には、友人の画家、ミラさんがダイビングの事故によって亡くなったことをフェイスブックで知りました。数カ月前、元気な彼女に会っていました。またすぐ来日するので、その時会いましょうね、と言っていた矢先でした。

高齢だった母はともかく、二人の友人は私たちよりも少し若い年齢で逝《い》ってしまいました。とても残念ですが、それが二人の選んだ道だったのでしょう。二人とも悟った人でした。多くの人のためにずっと働いていました。多くの人にたくさんの愛とプレゼントを贈っていました。素晴らしい人生を創造した達人でした。今はあちら側の世界で大活躍していると思います。

おわりに――三十年かかってわかったこと

その後、今年もおかげ様で元気に走り回っています。私たちも七十代半ばになりました。まだあちこち歩き回り、仕事ができることを本当に感謝しています。この夏は久しぶりに、ほとんどどこへも行かずに家で過ごしました。そして毎日、原稿を書き、翻訳原稿の校正をしていました。朝はラジオ体操と散歩、そして畑の手入れをしています。畑では二人では食べきれないほどの野菜が収穫できます。ご近所の友達にもらってもらい、自分でもいろいろ工夫して料理しています。

そして毎日、よく笑い、よく眠り、よく食べて、歌って踊って、ディジュリドゥを吹いて、楽しく過ごしています。

「歌って踊って笑って、幸せに過ごしなさい」

私たちが精霊からいただいた言葉です。今の私たちは、その通りになっているのかもしれません。幸せになるのも、悟るのも、平和な心になるのも、ただ、自分をそのまま認め、愛し、大切にするだけなのですから。

三十年もかかってやっとそれがわかった私です。これからは、ずっとそんな感じで風のようにさわやかに、軽やかに、日々を過ごしていこうと思います。

二〇一七年十二月

山川亜希子

*

ワシントンD.C.でリア・バイヤースに出会い、彼女を通して出てきたサン・ジェルマン伯爵からメッセージをもらってから、もう三十年以上の月日が流れた。僕の人生にも大波が押し寄せ、公務員を辞め、病気をし、そこからなんとか抜け出ることができた。

サン・ジェルマン伯爵が現れてから、見えない世界の聖白色同胞団には大いに助けられて、その後ずっと今の今まで仕事をしてきた。この三次元の世界にも次から次へと援助者が現れて、いろいろ助けてくれたのだった。

それ以前はスピリチュアルなことには全くうとく、自分の人生は自分の力で生きてきた、と思っていた。今では、最初の最初から、生かされてきたのだと気がついている。誰の人生もその通りなのだ。気がつくか、気がつかずに人生を終わってしまうかのどちらかだ。

この三十年間、自分なりに学んで気づいたことを箇条書きにしてみたい。まだまだ、この先、学ばなければならないことは山ほど出てくることだろう。それだけ、宇宙は神秘的なところなのだ。

1、自分の人生は、すべて自分で創造している。自分の幸せを見つけることが、人生の目的だ。

2、人には使命、目的があってここに存在している。使命とは、自分の本質、本当の自分自身を知ること。

3、宇宙のすべては、神の意思によって執り行われている。

4、見えない世界が確実に存在している。つまり、次元の違う宇宙が重なり合って今、ここに存在している。

5、時間、空間は人間の頭の中にあるものであり、この宇宙も自分が創りあげたものである。その創造した宇宙の中で、今を大切に生きること。

6、我々の本質は魂である。人生とは一時的に肉体に宿って、自分が体験したいことをしている。魂に「死」はない。

7、魂は輪廻転生をして、身体、マインド、スピリットの体験を通して、自分が何ものであるかを学びながら、成長している。地球以外の星にいたこともある。そして、地球のあらゆる場所にいた。そして、今も旅の途中である。

8、この世界にはいろいろなレベルの意識があり、互いに助け合って成長を続けている。

9、今生の使命は、自分が目覚め、目覚めてからは、人々の覚醒の手伝いをすること。ちなみに僕の魂の名前は「目覚め」である。

10、宇宙のすべては同じものでできている。それは愛である。

11、成長とは、心の平和を築き、自然環境を守り、他人の目覚めを助けること。

12、自分が本当にしたい仕事を見つけて、幸せになること。

13、すべては一つに繋がっていること。

14、何事にも偶然はないこと。

15、自分を最大限、大切にすること。自分を受容し、許し、愛すること。
16、人間の自由と尊厳を守り、平和な世界を創ること。
17、信心深くなること。
18、すべてのもの、すべての人に感謝すること。
19、自分の人生は自分で学び、自分の人生に責任を持つこと。
20、自分が知ることは宇宙のごく小さい部分である。謙虚な気持ちが大切。

まだまだこれからも大切な気づきがあることだろう。以上は自分のための知恵であって、人それぞれ、自分で納得のいく真理を発見していくものだと思う。

人生は歌って、踊って、笑って、喜び、楽しんで、自分らしく生きられれば良い、と今は感じている。それには健康であること。自分を大切にすること。感謝すること。無限に大きい宇宙という神から始まって、いつも頑張って働いていてくれている三七兆個もある自分の細胞、そして、目に見えない無限数の小さな菌類にまで感謝の気持ちを持ちたいと思う（今まで自分の細胞は約六〇兆個だと思っていた。ところが最新の説は約三七兆個だそうだ)。

人間の将来には希望を持っている。今は目覚めていない人も、やがて目を覚まさざるを得なくなることだろう。私たちはすべてが一つの共同体として進化しているのだから。

山川紘矢

二〇一七年十二月

〈著者略歴〉
山川紘矢（やまかわ　こうや）
翻訳家。1941年、静岡県生まれ。東京大学法学部卒業後、大蔵省（現・財務省）に入省。海外勤務を経て、大蔵省財政金融研究部長を務め、1987年に退官して翻訳家に。以降、夫妻で『聖なる予言』『アルケミスト』（以上、角川文庫）、『前世療法』『なまけ者のさとり方』（以上、ＰＨＰ文庫）など、多数のスピリチュアルな本の翻訳に携わるかたわら、スピリットダンスの主催や講演会を行っている。著書に『輪廻転生を信じると人生が変わる』（角川文庫）ほか多数。

山川亜希子（やまかわ　あきこ）
翻訳家。1943年、東京都生まれ。東京大学経済学部卒業後、マッキンゼー・アンド・カンパニー、マープラン・ジャパンなどの勤務を経て、夫・紘矢氏と共にシャーリー・マクレーン著『アウト・オン・ア・リム』（角川文庫）を翻訳。以降、翻訳のほかに、講演会なども行い人気を博している。著書に『宇宙で唯一の自分を大切にする方法』『人生は奇跡の連続！』（以上、角川文庫）ほか多数。

精霊の囁《ささや》き
30年の心の旅で見つけたもの

2018年１月18日　第１版第１刷発行

著　者　山川紘矢
　　　　山川亜希子
発行者　後藤淳一
発行所　株式会社ＰＨＰ研究所
京都本部　〒601-8411　京都市南区西九条北ノ内町11
　第三制作部人生教養課　☎075-681-5514（編集）
東京本部　〒135-8137　江東区豊洲5-6-52
　普及部　☎03-3520-9630（販売）
PHP INTERFACE　https://www.php.co.jp/
制作協力
組　版　株式会社PHPエディターズ・グループ
印刷所　図書印刷株式会社
製本所　株式会社大進堂

ISBN978-4-569-83879-3